中国实学研究会主办

2022年
第 一 辑
（总第一辑）

◎ 主　　编　王　杰
◎ 执行主编　牛冠恒

中国社会科学出版社

图书在版编目(CIP)数据

中国实学. 2022年. 第一辑：总第一辑 / 王杰主编. —北京：中国社会科学出版社，2022.6
ISBN 978-7-5227-0416-6

Ⅰ.①中… Ⅱ.①王… Ⅲ.①实学—文集 Ⅳ.①B2-53

中国版本图书馆CIP数据核字（2022）第106674号

出 版 人	赵剑英
责任编辑	郝玉明
责任校对	谢　静
责任印制	王　超

出　　版	中国社会科学出版社
社　　址	北京鼓楼西大街甲158号
邮　　编	100720
网　　址	http://www.csspw.cn
发 行 部	010-84083685
门 市 部	010-84029450
经　　销	新华书店及其他书店
印　　刷	北京君升印刷有限公司
装　　订	廊坊市广阳区广增装订厂
版　　次	2022年6月第1版
印　　次	2022年6月第1次印刷
开　　本	710×1000　1/16
印　　张	11.25
字　　数	181千字
定　　价	59.00元

凡购买中国社会科学出版社图书，如有质量问题请与本社营销中心联系调换
电话：010-84083683
版权所有　侵权必究

图片说明： 国能准能集团深入贯彻新发展理念，认真落实国家能源集团战略部署，提出了"一个主体、两翼一网、七个准能"的发展规划和"推动两个融合、打造四个示范、走好两条新路"的发展目标，不断推动企业高质量发展。

图片说明： 国能准能集团党员教育实践基地实干广场矗立的"社会主义是干出来的"主题雕塑，高16.16米，重88吨，利用废旧设备制作而成，广场四周摘录了党的十八大以来习近平总书记关于实干精神的100句重要论述。雕塑寓意准能人积极践行"社会主义是干出来的"伟大号召，勇担国有企业"稳定器""压舱石"的职责使命。

《中国实学》编委会

学术顾问：葛荣晋　周桂钿　吴　光　张　践

编辑委员会

主　　　任：王　杰
常务副主任：朱康有
副　主　任：干春松　韩　星　涂可国　杨建国
委　　　员：(按姓氏拼音排序)
　　　　　　艾绍东　卞　东　程冠军　崔建国　董山峰
　　　　　　胡发贵　洪　军　孔德立　李　杰　李军鹏
　　　　　　李向荣　李中印　柳河东　黎红雷　孟庆武
　　　　　　孙福万　魏长宝　魏彦红　王玉明　徐治道
　　　　　　杨宽情　杨柳新　姚洪越　詹小光　赵建永

编 辑 部
　　主　　任：午元心
　　副 主 任：李伟波　任松峰
　　成　　员：陈　琛　潘志宏　黄敦兵　倪富静
　　　　　　　曲晓萌　孙庆峰　杨　冬　赵瑞军

发 刊 词

中华传统文化注重内在修养和外在事功相统一，并凝练成注重现实、追求实效的价值旨趣。这样的价值观和行为方式可以概括为"实学"。"实事求是"正是实学思想的核心命题，也是毛泽东用中国成语对马克思主义世界观和方法论作的高度概括，成为中国共产党人最基本的思想方法、工作方法、领导方法，铸就了其引领人民百年来向着实现民族复兴目标不断奋进的思想伟力、成功密码。

中国历史上许多思想学说尤其是儒家思想，强调经世致用，注重发挥文以化人的教化功能，把对个人、社会的教化同对国家的治理结合起来，其所蕴含的脚踏实地、知行合一、躬行实践等理念对解决当代世界人类面临的难题具有重要启示，古典实学为中华民族的文化和文明在世界历史上长期的引领地位作出了不朽贡献。新时代习近平总书记经常强调、倡导"大道至简、实干为要""脚踏实地、求真务实""知行合一、躬行实践""一分部署、九分落实""崇尚实干、狠抓落实""社会主义是干出来的""撸起袖子加油干""谋事要实、创业要实、做人要实""要把做老实人、说老实话、干老实事作为人生信条"等，对"实"的重要性、方法论及其运用领域作了新阐释与新发展。当代实学文化主张关切时代主要矛盾，合理吸纳应用各种学术文化，回答民族、国家与人类文明面临的诸种问题，为东亚乃至人类命运共同体的建设再次拓展出新的话语体系，提出基于历史智慧的应对之策。

"三十而立"，在中国实学研究会成立30周年之际，《中国实学》面世了。《中国实学》倡导实学研究坚持"继往开来"的原则："继往"就是立足当下，回望历史，在吸纳继承前人成果的基础上，进行创造性转化与创新性发展；"开来"就是面向未来，纵横开拓，努力构建引领新时代文化潮流的新实学，为实现中华民族伟大复兴、创建人类文明新形态贡献力量。

希望能有更多的人关注中国实学，更多的年轻学者投入建构新实学的研究中，持续推动理论创新和方法创新。期望在不久的将来，当代新实学学派能够成为中国学术领域的一面旗帜，为传承和发展具有中国特色、中国风格、中国气派的中国学术贡献力量。

中国实学研究会会长、《中国实学》主编 王杰

目录

第一辑
2022 年 6 月出版

· 本刊特稿 ·
致中国实学研究会的两封贺信 ……………………………… 许嘉璐 / 1
深化实学研究　服务当今世界
　——在 2019 年中国实学大会上的致辞 ……………………… 王　蒙 / 4

· 名家论丛 ·
论中国实学 ………………………………………………………… 葛荣晋 / 7

· 传统实学研究 ·
论明清之际的经世实学思潮与人文启蒙思潮 ………………… 王　杰 / 23

· 当代新实学构建 ·
关于新实学构建的一点设想 …………………………………… 张　践 / 41
当代实学体系建构 ………………………………………………… 涂可国 / 53

· 传统文化研究 ·
《孟子》的孝悌之道与家国情怀 ……………………………… 韩　星 / 64
春秋时期的天命观 ………………………………………………… 黄开国 / 76
从王国维"清学三变说"看《皇朝经世文编》
　经世学谱系 …………………………………………………… 马晓见 / 90

从"古为今用"到"创造性转化、创新性发展"
——兼论新中国成立以来党对传统文化认知
态度的演变 …………………………………… 牛冠恒 / 108

· 青年论坛·硕博论文摘编 ·
  阮元实学思想研究 …………………………………… 林长发 / 120

· 学术札记 ·
  实学：理论、制度和社会之互动散论 ………………… 朱康有 / 128
  方以智与《东西均》…………………………………… 周勤勤 / 137
  广义实学和狭义实学：实学概念随感 ………………… 干春松 / 142
  实、实人、实事与实学 ………………………………… 纪　翔 / 145

· 学会工作 ·
  过往皆序章，未来皆可盼
  ——中国实学研究会第五届理事会工作总结 ………… 王　杰 / 149
  中国实学研究会第六届理事会五年工作规划……………………… / 155
  第三届黄河文化与二程理学当代价值高层论坛综述 …… 李春蕾 / 165

  《中国实学》征稿函 ……………………………………………… / 171

·本刊特稿·

致中国实学研究会的两封贺信

一　致第14届东亚实学国际高峰论坛[①]的贺信

欣闻第14届东亚实学国际高峰论坛召开，谨以此函略表祝贺之忱，并向与会朋友致意。

实学一派，传承久远。实学提倡"实心""实理"，反对"空谈""重虚"；主张"经世致用"，强调"知行合一"，在中国学术与文化发展史上独树一帜、影响巨大、成就斐然。近代以降，实学被东亚各国倚重，对经济、文化和社会发展贡献良多。改革开放以来，东亚实学研究春潮再起。实学研修学者们崇实黜虚、孜孜不倦、精诚合作、携手并进，积极应答时代问题，涌现累累硕果。

固然，即使在实学研修者范围内，对实学的内涵、外延及其发生、存在时间的上限和下限意见尚有纷纭，学界也时有因此而质疑其存在"合法性"的议论；但我认为，学界无须斤斤于此，因为这些都无碍于实学研修者"恒兀兀以穷年"地默默耕耘、用自己的研究成果倡导实学精神。"实体达用"乃

[①] 本文为许嘉璐同志为论坛发来的贺信。2017年11月18—19日，由中国实学研究会主办的第14届东亚实学国际高峰论坛在北京举行，来自中、日、韩等国以及中国港、澳、台地区的知名学者、政企人士约400人参加论坛。论坛分为中日韩实学与心学思想、中国传统实学与心学思想、实学与现代社会三个论坛展开，议题有当代实学思想与历史上的实心实政、东亚新实学文化的建构与东亚社会的发展等。

中国学统、道统以及民心的核心精神，尤其是自北宋至晚清，集中张扬了这一宝贵的传统。不能不说，对实学的误解、曲解和否定，与自19世纪起西方殖民主义塞给中国的"现代化"观念和治学目标、方法、风格、路径乃至思维方式的强势影响有着极其密切的关系。

当前，中国特色社会主义进入新时代。其实，可以说整个世界在进入新时代。中国社会发展面临着诸多新矛盾、新问题，需要给予解答，今后还要不断面对持续出现的新矛盾、新问题。这就需要实实在在地从心底实现中华优秀传统文化与"新时代"的实际相结合，实实在在地形成新理论、新思想，实实在在地体现于国家改革和建设中林林总总的事务中，实实在在地沉淀到近14亿人口的日常生活中。这是实学发展过程中面临的空前机遇和挑战。相信与会的专家学者一定会奋发而进，不辱使命，创新发展，服务治国理政，助力民族复兴，促进东亚发展，维护世界和平！

我对"实学"未尝用功，谨借致贺之机信笔而书，或有不当，敬请批评。祝高峰论坛圆满成功！

许嘉璐
2017年11月13日

二　致2019中国实学大会^①的贺信

欣悉2019中国实学大会即将举行，逢盛会而小恙为阻，不克陪奉故知新朋，憾何如之！今谨向大会致以衷心祝贺，向全体与会代表表示诚挚的问候！

道不虚谈，学贵实效。中国之学向以"崇实黜虚，经世致用"为旨归，"实心"、"实理"、实干、求实，是中华文化传统之精华。多年来，诸学者本乎古儒博学笃志、切问近思之训，成立研究会，且以"实学"名之，力倡

---

① 本文为许嘉璐同志为论坛发来的贺信。2019年12月14日，由中国实学研究会举办的2019中国实学大会在京举行。来自全国各高等院校、学术机构和党政机关的传统文化研究者和实践者400多人参加了开幕式。活动旨在加快"新时代新实学"建设，将新实学理念融入社会生活，实现实学文化的创造性转化和创新性发展，用新实学思想服务当代治国理政和经济社会发展。

"兴利除弊"的改革精神，"天下兴亡，匹夫有责"的担当精神，求真务实的科学精神，这与中国共产党实事求是的思想路线高度契合，在当今之中国乃至世界具有重大的现实意义和时代价值。回顾中国两千多年之思想史、学术史，崇实精神之多次勃兴振发，盖皆由时代变迁虚学空疏、碎义巧说流行之刺激而生。当今时代，正面临百年未有之大变局，尤其需要彰显实学思想和实干精神。坚定不移走中国特色社会主义道路，实现中华民族伟大复兴的中国梦，既要仰望星空，更要脚踏实地。

伟大时代呼唤实学家，伟大事业呼唤实干家。希望中国实学研究会以舍我其谁的使命担当，躬行履践，奋发有为，更好地发挥实学研究与传播的主阵地、主力军作用，加快新实学建设，推动实学文化创造性转化和创新性发展，善于用实学思想服务治国理政，促进经济社会发展，丰富人民群众精神生活，谱写出无愧于时代、无愧于人民的实学新篇章。

预祝 2019 中国实学大会圆满成功！

许嘉璐

2019 年 12 月 13 日

（许嘉璐，第九届、第十届全国人大常委会副委员长）

深化实学研究　服务当今世界

——在 2019 年中国实学大会上的致辞

王　蒙

尊敬的各位领导、同志们、朋友们：

大家好！中国实学大会今天在这里召开，我谨对此表示热烈的祝贺！

实学是中华优秀传统文化的重要部分。研究实学、应用实学，是我们文化自信的表现。党的十八大以后习近平总书记关于文化自信的一系列重要论述，标志着我国文化建设在取向上、认识上、格局上正在迈上新的台阶。我们要做的是用世界眼光、中国特色、现代观念理解与选择、传承与弘扬、创新与发展中华优秀传统文化的精华，总结中华优秀传统文化充满辉煌与能动、焦虑与挫折的悠久历史与经验教训，使之成为实现中华民族伟大复兴中国梦的深厚精神资源与动力凝聚。

我曾经说过，中华文化具有精神性、综合性、务实性、实践性的特点，一向有致力于改善社会和民生、"经世致用"的优良传统。而实学以儒家思想为内核，以"经世致用、实体达用、崇实黜虚、知行合一"为旨归，是中国古代思想向近代思想转化的中介和桥梁，它所倡导的"实心"、"实理"、办实事的求实精神，"兴利除弊"的改革精神，"天下兴亡，匹夫有责"的担当精神，在今天仍具有重大的现实意义和当代价值。

从先秦诸子、宋明理学、心学以及近代思想家对"实学"思想的阐扬，到党的十八大以来关于党的作风建设的规定、"三严三实"的主题教育和当前"不忘初心，牢记使命"的主题活动，特别是习近平总书记关于"实干兴邦，空谈误国""撸起袖子加油干"等一系列"实言实语"，皆说明，中国实学的元典精神已深深植根于中华民族的文化心理结构之中，知行合一、求真务实的实学思想正在中华民族伟大复兴的进程中发挥越来越显著的推进作用。

中国实学研究会发给我的邀请函，开宗明义地说，举办这次中国实学大会的主旨，是进一步深化实学研究，加快新实学建设，推动实学文化创造性转化和创新性发展，用实学思想服务治国理政，促进经济社会发展，将实学文化融入日常生活，丰富人民群众的精神食粮。这既是一个脚踏实地、实实在在的事情，又是一个立志高远、意义深远的伟大工程。

我认为，中国实学大会提出的这些主旨、目标、任务，不仅非常及时，而且非常具现实意义。

首先，在当前形势下，进一步深化实学研究很有必要。实学提倡"实心""实理"，反对"空谈""重虚"；主张"经世致用"，强调"知行合一"，在中国学术、文化发展史上独树一帜、影响巨大、成就斐然。从内涵上，它不同于佛、老的"虚无寂灭之教"，而讲究"实体"与"达用"；在实体上主张"实理实学""实心实学""实气实学"，于达用上主张"经世实学""科技实学""启蒙实学""考据实学"等，它是一个多层次、多元化的立体结构，是一个丰富的思想宝库。深化实学研究，古为今用，是一件迫不及待的大事。

其次，在当今时代，加快新实学建设，构建当代中国新实学，推动实学文化创造性转化和创新性发展，更是摆在面前的一件迫不及待的事情。坚持"新时代新实学"的原则，把实学理念运用到社会生活实践的方方面面，关切时代主要矛盾、回答时代主要问题，推动实学思想、实学精神在各行业、各领域的实践和应用，着眼社会生产生活中的具体问题，有的放矢和实事求是地开展学术研究和社会活动，充分发挥新实学的经世致用功能，跟踪各行各业发展的新动态，为新时代、新创造、新生活注入"实心""实理""实干"的文脉血液，是当代中国新实学面对新时代、参与中华民族伟大复兴义不容辞的义务责任和历史担当。

最后，实学这一思想文化能帮助我们更好地了解中国的文化特点及其与世界文化的关系，能够在落实习近平人类命运共同体思想的伟大实践中发挥重要作用。实学在近代东亚具有广泛的影响力，曾经在建设东亚命运共同体中发挥积极作用。实学源于中国，流传于韩国、日本等东亚国家，是一门具有广泛社会影响的国际性学问。中国实学传入朝鲜、日本后，与朝鲜、日本本土文化相结合，形成了独具特色的朝鲜实学和日本实学。日本的经营大师稻盛和夫就将实学思想应用至企业经营之中，发展出一套经营实学。在崇实黜虚、经世致用的实学思想指导下，稻盛和夫摒弃背离企业利益的空想，着眼于如何获得高收益和可持续运营，总结出了著名的阿米巴经营管理模式。在这个意义上说，实学研究具有很强的国际性，中、日、韩各国学者可以取长补短，让实学为构建人类命运共同体作出应有的贡献。

总之，中国实学大会的召开，是中国实学思想研究进程中的一件大好事，是加强新实学建设、构建当代中国新实学、推动新实学为新时代中国特色社会主义建设作贡献的一件大好事，是通过新实学的研究和实践、了解中国文化特点及其与世界文化的关系、为构建人类命运共同体作贡献的一件大好事。

最后，衷心希望大会以后，新实学的学术研究和具体实践在中国大地和世界范围内更加蓬勃繁荣！

谢谢大家！

（王蒙，原文化部部长，著名作家）

·名家论丛·

论中国实学[*]

葛荣晋

为了从总体上认识和把握中国实学，关于中国实学的内涵和外延、主流和核心，以及它的现代价值和转换，我们很有必要对其做一扼要说明。

一 什么是"实学"

什么是"实学"？这是我们首先需要回答的问题，也是最难而又必须回答的问题。

"实学"这一概念，在中国不同的历史时期，其含义是不一样的。即使在同一个历史时期，各学派的实学家对其也往往会有不同的理解和诠释。即便如此，"实学"学派在同"虚学"学派的辩论中，总是把自己的学说和思想称为"实学"，或者彼此以"实学"相期许。从北宋以降，许多学者都用"实学"这一概念说明和概括自己的思想和学说，这一概念并不是我们现在主观杜撰的哲学范畴。宋元明清时期的学者所赋予"实学"的基本内涵，大体上是从"实体达用之学"的意义上来讲的。

实体分为宇宙实体和心性实体。我们先从宇宙实体说起。宇宙实体是"实"还是"虚"？道家推崇"以无为宗"，佛教则主张"以空为宗"。程朱学派在同佛、老的空无之说的辩论中，认为"理"作为宇宙本体或本原，是

---

[*] 本文原刊于《宁波党校学报》2005 年第 5 期。

"实理"而非"虚理",赋予"实学"以"实理"的含义。朱熹发挥程颐的实理论思想,认为《中庸》一书"始言一理,中散为万事,末复合为一理。'放之则弥六合,卷之则退藏于密',其味无穷,皆实学也"(《四书章句集注·中庸章句序》)。很明显,这里是从理一分殊的宇宙本体论的高度来说明实学的。在程朱看来,"理"不只是宇宙万物的"根实处",也是寓于宇宙万物之中的实有之理。从实理论意义上来讲,程朱学派有时也把自己的理学称为"实学",如南宋真德秀根据"即器以求之,则理在其中"的原则,指出"若舍器而求理,未有不蹈于空虚之见,非吾儒之实学也"(《西山文集·问大学只说格物不说穷理》)。

明中叶以降,许多进步学者在继承实理论的同时,也自觉地批判理学末流的"空寂寡实之学",往往把元气实体论说成实学。如罗钦顺在批判"禅家所见只是一片空落境界"的虚无之说时指出:"盖通天地人物,其理本一,而其分则殊。必有以察乎其分之殊,然后理之一者可见。既有见矣,必从而固守之,然后应酬之际或无差谬,此博约所以为吾儒之实学也。"(《困知记续录》卷下)这里,罗钦顺所讲的"理一分殊"不同于程朱,是建立在气一元论思想基础之上的,实际上是"气一分殊",这实际上也是他"通天地、亘古今,无非一气"思想的另一种表述。王廷相作为明代最大的元气论者,针对佛、老和理学末流的空虚之学,自觉地把从张载那里承袭下来的元气实体论说成"实学",如他所说:"《正蒙》,横渠之实学也。"(《慎言·鲁两生》)王夫之也讲元气实体,他说:"阴阳—太极之实体。""所动所静,所聚所散,为虚为实,为清为浊,皆取给于太和絪缊之实体。"(《张子正蒙注·太和》)戴震在本体论上也承认"阴阳五行,道之实体也"(《孟子字义疏证·天道》)。他们都是把元气实体论作为中国实学的哲学基础,从而为明清实学家反对理本论和心本论的虚无主义提供了坚实的理论武器。

由宇宙实体进入心性实体,有的学者也把实践道德之学称为"实学"。宋代学者在同佛教的"以心为空"的辩论中,认为"吾儒以性为实"(《朱子语类·性理一》),承认人的心性"以其体言,则有仁义礼智之实;以其用言,则有恻隐、羞恶、恭敬、是非之实"(《朱子语类·性理三》)。人的心性并不是空的,而是先天赋予的仁义礼智等道德伦理实体,"仁义者,人之本心也"(《象山全集·与赵监》),这是从心性实体意义上来说明实学的。

在道德修养上，是鼓吹空悟论还是实功论（实修论），也是心性之学中虚实之辩问题的重要内容。宋明实学家多从实功论或实修论的角度来阐述实学的内容，如宋代陆九渊主张"在人性、事势、物理上做些工夫"（《象山集》卷34），"逐事逐物考究磨炼"（《象山集》卷35）。真德秀强调"就事物中求义理"，才是"着实用功之地，不致驰心于虚无之境也"。（《西山文集·问大学只说格物不说穷理》）王阳明提倡"实地用功""切实用力""人须在事上磨炼做工夫乃有益"（《传习录上》），"钱谷兵甲，搬柴运水，何往而非实学"（《王阳明全集·与陆元静》）。朱熹发挥儒家的"重行"思想，主张"必践于实而不为空言"，批评"今日之弊，务讲学者多阙于践履"。（《朱文公文集·答王子充》）陆九渊主张"为学有讲明、有践履"，"一意实学，不事空言"，认为"躬行践履"即是"唐虞三代实学"。上述学者都是从躬行践履意义上来规定实学内容的。实性论（实心论）、实功论、实践论是心性实体学说的三个有机的组成部分。

根据儒家"内圣外王"的原则，宋明实学家认为必须由"实体"转向"达用"，只有将"内圣"之实体转化为"外王"之实用，才能成为真正的圣人。所谓"达用"，在实学家那里又有两层含义：一曰"经世之学"，即用于经国济民的"经世实学"；二曰"实测之学"（亦称"质测之学"或"格物游艺之学"），即用于探索自然奥秘的自然科学。

从"经世之学"的意义上使用"实学"概念，是中国实学的基本内涵。现略举数例。

南宋吕祖谦发挥金华学派、永嘉学派、永康学派的经世致用思想，提倡"讲实理、育实才而求实用"。他在驳斥"章句陋生"的"徒诵诂训"时指出："不为俗学所汩者，必能求实学；不为腐儒所眩者，必能用真儒。"（《吕东来先生文集》卷1）

王廷相针对明中叶士人"专尚弥文，罔崇实学"的时弊，明确指出："士惟笃行可以振化矣，上惟实学可以经世矣。"（《王氏家藏集》卷22）大力提倡"明道、稽政、志在天下"的"经世之学"（《石龙集序》），认为"文事武备兼而有之，斯儒者之实学也"（《王氏家藏集》卷30）。

清初顾炎武基于理学末流空疏亡国的教训，反对"明心见性之空言"，大力提倡"修己治人之实学"（《日知录》卷7）。"修己治人"即内圣型的经世之学。

清初陆世仪在明清之际实学思潮的冲击下，亦提倡"经世之学"，指出"凡以教天下之士，务为实学，使处处皆有裨于世"（《桴亭先生文集·张汉思时政议论要序》）。

清初潘耒为梅文鼎论著作序时，亦指出："古之君子不为无用之学。六艺次乎德行，皆实学，足以经世者也。"（《梅氏丛书辑要·方程论·潘序》）

颜元针对明清"著述讲论之功多而实学实教之力少"，认为"实学不明，言虽精，书虽备，于世何功！于道何补！"提倡"惟在实学、实习、实用之天下。"（《存学编》卷3）

清末学者朱一新在回顾与总结清初经世之学时，指出："亭林、桴亭皆重实学，皆主经世。"也把实学看成经世之学。

从"实测之学"意义上来使用"实学"概念，亦略举数例。宋明时期，学者们把探索宇宙奥秘的自然科学称为"天地动植之学"或"格物游艺之学"。明清之际，方以智受到"西学东渐"思想的影响，把自然科学说成"质测之学"。清代阮元赞扬近代的实测精神，提倡"算造根本，当凭实测"（《畴人传》卷首《凡例》）。近代学者多以"格致之学"称谓从西方传入的近代自然科学。

徐光启在谈到以利玛窦为代表的"泰西诸君子"时，指出："其实心、实行、实学，诚信于士大夫也。"（《泰西水利序》）这里所谓"实学"，既包括从西方传入的"格物穷理之学"（如物理学等），又包括从西方传入的"象数之学"（如天文学、数学等）。

阮元把中国古代的"天文算术之学"说成实学，指出"自明季空谈性命，不务实学，而此业（指'天文算术之学'）遂微"（《畴人传·利玛窦》）。

近代中国随着西学的大量输入，有人欲以西学之实补中学之虚，把西方的自然科学说成实学。徐珂在《清稗类钞·徐雪村主译西学》中指出华蘅芳等人"阅数年，书成数百科，于是泰西声、光、化、电、营阵、军械各种实学，遂以大明"。王韬在《漫游随录》中亦指出："英国以天文、地理、电子、火学、气学、光学、化学、重学为实学，而弗尚诗赋词章。"

在自然科学意义上使用实学这一概念，既包括中国古代的天文、历法、算学、舆地、生物、水利等"格物游艺之学"，也包括从欧洲输入的声、光、化、电等"质测之学",其内涵极为丰富。

除了上述"经世之学"和"实测之学"外,在"达用"方面,还包括"明经致用"论、"史学经世"论和实事求是的考据实学等内容。

宋明实学家多从"明经致用"的意义上来界定"实学",把经学说成实学,如北宋社会改革家王安石提倡"经术者,所以经世务者也",反对俗儒的"离章绝句,释名释教"的空疏学风。

二程从"经所以载道也,器所以适用也"的观点出发,提出"治经,实学也"的命题,指出"如国家有九经及历代圣人之迹,莫非实学也"(《河南程氏遗书》卷1)。

朱熹发挥程氏的"治经即实学"的思想,既反对溺于文章的"文人之经",也反对惑于异端的"禅者之经",主张明道致用的"儒者之经"。

近代左宗棠在《会试卷》中,也主张"经学即实学"的观点。他说:"夫穷经将以致用也,而或泥于章句训诂之学,捃摭遗义,苏索经余,前人所遗,后复拾之,纵华辨之有余,究身心之何补?"

宋明实学家亦多从"史学经世"的意义上来界定实学。从史学具有经世功能这一意义上,也可以把史学看成实学。如:朱熹发挥中国以史为鉴的优良传统,主张"广读经史",指出"读史当观大伦理、大机会、大治乱得失",寓经世于史学之中。

真正把"史学经世"的思想明确概括成"实学"的是清代浙东学派的史学大家万斯同。万斯同在批评清代把学术与经济"分为两途"的做法时指出:治史"使古今之典章法制烂然于胸中,而经纬条贯实可建万世之长策,他日用则为帝王师,不用则著书名山,为后世法,实为儒者之实学"(《石圆文集·与从子贞一书》)。

章学诚亦明确提出"史学所以经世,固非空言著述"的命题,指出"君子苟有意于学,则必求当代典章以切于人伦日用,必求官司掌故而通于经术精微,则学为实事而文非空言,所谓有理必有用也。不知当代而言好古,不通掌故而言经术,则鞶帨之文,射覆之学,虽极精能,其无当于实用也审矣"(《文史通义》内篇五)。

针对宋代经学的"凿空附会之弊",从明中叶始,实学家亦把"实事求是"的考据学(汉学)说成"实学"。如清代考据学大师戴震明确把乾嘉考据学称为实学，指出"值上（指乾隆皇帝）崇奖实学，命大臣举经术之儒"（《戴震集·江慎修先生事略状》）。"圣天子稽古右文，敦崇实学，昭昭乎有明验矣。"（《四库全书总目》卷115）在治经上，他把空谈义理的宋学说成"虚学"，而把"注经必籍实据"的汉学说成"实学"。

阮元为清初考据大家毛奇龄文集作序时亦指出："有明三百年，以时文相尚，其弊庸陋谫僿，至有不能举经史名目者。国朝经学盛兴，检讨（指毛奇龄）首出于东林，蕺山空文讲学之余，以经学自任，大声疾呼，而一时之实学顿起，当是时，充宗起于浙东，朏明起于浙西，宁人、百诗起于江、淮之间。"（《研经室二集》卷7）这里所谓实学，是指清初以顾炎武、胡渭、阎若璩、毛奇龄、万斯大为代表，以重实证为特点的考据学而言。

综上所述，中国所谓实学，实际上就是从北宋开始的"实体达用之学"，是一个内容极为丰富的多层次的概念。在不同的历史时期、不同的学派和不同的学者那里，其实学思想或偏重于"实体"，或偏重于"达用"，或二者兼而有之，或偏重于二者之中的某些内容，情况虽有区别，但大体上不会越出这个范围。"实体达用之学"既是实学的基本内涵，又是实学的研究对象。如果不从"实体达用"整体上和特定的时代背景把握中国实学的基本内涵，而是孤立地摘出其中的某些内容加以无限夸大、以偏概全，就有可能将中国实学"泛化"或"窄化"，甚至导向荒谬。这是需要特别加以注意的。

二 经世实学是中国实学的主流和核心

从上述可知，实学是一个具有多层含义的概念，它既包括元气实体之学、道德实践之学，又包括经世实学和实测实学，还包括考据实学和启蒙实学等。其中，经世实学是中国实学的主流和核心，其他层次的意义都是围绕这一核心而展开的，都是从不同的层面来说明经世实学的。经世实学的基本精神就"经世致用"，经世实学既表现为揭露与批判在田制、水利、漕运、赋税、荒政、兵制、边防、吏治、科举诸方面的社会弊端，又表现为提出并实施各种旨在改革时弊的救世方案。同时，在学术上还包括明经致用论和史学经世论，把治经考史看作经世的重要思想武器。

实体之学与道德实践之学是就中国经世实学的哲学思想基础而言的，它包括以"气"为本的本体论、以"实践"（力行、践履）为基础的认识论、以"实性"为基本内容的人性论、以"实功"为主要修养方法的道德论、以利欲为基础的理欲统一说（包括义利统一说）等内容。实体实学是经世之学的理论基础。

实测实学是就中国经世实学的科学内容和基础而言的，它既包括中国传统的古典科学，也包括从欧洲输入的西方近代科学；既包括天文、历法、数学、音律，又包括地理、农业、水利、生物及各种技艺等多种学科。从事探索自然奥秘的各种科学研究，归根到底，是为经世实学服务的，是经世致用的一种重要手段。

考据实学是就中国实学的经学内容和依据而言的，从明中叶开始，特别是清代乾嘉时期，随着实学思潮的兴起和发展，在经学领域出现了与"宋学"相对立的"考据学"的复兴，主张以专事训诂名物的汉学代替以己意解经的宋学，以主实证的汉学代替凭空议论的宋学。这种实事求是的考据实学虽属经学的不同派别，但它具有显明的求实精神，并在治经考史的形式下往往流露出知识分子的忧患意识，以考据为手段来阐述经世思想，它同经世实学是密不可分的。

启蒙实学是指从明中叶开始至晚清时期，随着资本主义萌芽的发展和西学的大量输入，出现的一股与地主阶级改革派不同的具有近代启蒙意义的意识形态，它既表现为在社会政治领域的另一种性质的经世之学，又表现为在哲学与文艺领域的某些启蒙思想的因素。但是从中国实学发展的长河来看，它并非贯彻始终，只是中国实学发展到后期出现的一种新的观念。即使在明清时期具有启蒙意识的某些思想家，虽然具备了某些近代气息，但仍不占主要地位，传统的中国经世实学思想仍然支配着他们的深层思想结构。所以，把"近代启蒙意识"说成"中国实学的核心"，恐怕是值得商榷的。我们肯定经世实学是中国实学的核心与主流，并不是要把实学与经世之学等同起来，只是在中国实学的不同层面来确定中国实学的本质和特征。

"经世"这一概念，虽然首见于《庄子·齐物论》，但是在实学家那里，并不是一个单一层次的概念，而是一个具有多层含义的范畴。所谓"经世"，至少包含了三层意义。

（一）入世的人生价值取向

实学家与佛道的"出世"和俗儒（腐儒）的"逃世"的价值取向不同，坚持一种积极的"入世"的人生态度。如宋儒陆象山在批评佛教的出世观念时指出："儒者虽至于无声、无臭、无方、无体，皆主于经世；释氏虽尽未来际普度之，皆主于出世。"（《陆九渊集·与王顺伯》）明儒王畿指出："儒者之学，务为经世。学不足以经世，非儒也。吾人置此身于天地之间，本不容以退托。其曰'为天地立心，为生民立命'，固儒者经世事也。""随其力所及，在家仁家，在国仁国，在天下仁天下，所谓格物致知，儒者有用之实学也。"（《龙溪王先生全集》卷13）清儒万斯同亦指出："至若经世之学，实儒者之要务，而不可不宿为讲求者。"（《石园文集·与从子贞一书》）都是从"经世"与"出世"相区别的角度来阐述实学家的人生价值取向的。这是经世观念的出发点，也是经世思想的基石。这是经世观念的第一层意义。

（二）"治体"（或"治道"），即经世的指导思想和基本原则

实学家基于入世的人生态度，在如何经世的问题上，既谈"治体"，也谈"治法"（或"治术"）。宋儒程颐指出："治身齐家以至平天下者，治之道也。建立治纲，分正百职，顺天时以制事，至于创制立度，尽天下之事者，治之法也。圣人治天下之道，惟此二端而已。"（《近思录集解》卷8）所谓"治体"，涉及实学家关于治国平天下的各种基本理论和原则，诸如"尊义轻利""尊王贱霸""民为邦本""内修外攘""因时变法"等，大体上都属于"治体"的范围。这是经世观念的第二层意义。

（三）"治法"，即在某种"治道"思想的指导下，提出各种具体的经国治人之法

如《皇明经世文编》所收集的文章、奏议等，都以儒家思想为指导，对铨选、赋税、漕运、河工、边防、兵制等提出了各种改革方法；魏源以贺长龄名义编成的《皇朝经世文编》，除了在"学术""治体"两类文章中集中探讨"治体"外，其余文章都是按照"吏、户、礼、兵、刑、工"六部加以分

类,分别讨论各种具体的"治法"问题,亦即各种典章制度和政策规范问题。既然"经世"观念具有丰富的内容,就不可以偏概全,把经世简单地说成"治法",应当全面地、细致地剖析它的内容。

凡属实学皆主经世之学,但根据经世取向的不同,又分为内圣型经世实学与外王型经世实学两类。不管是程朱理学家还是陆王心学家,皆发挥孟子注重修身治人的思想传统,虽说着力于心性之学,但是他们却不同于理学末流,始终以经国济民为己任,从不"耻言政事书判",极力反对佛道的"出世出家之说",坚持由实体而达用,由内圣而外王的内圣型的经世之学。"谈性命而辟功利",是内圣型经世实学的主要思想特征。但是,这种内圣型的经世实学,往往随着社会矛盾的激化而不断地将其空虚之弊暴露出来,证明它非但不能挽救社会危机,反而加剧了社会危机。所以,有些实学家则发扬荀学精神,由"谈性命而辟功利"转向"谈功利而辟性命"的外王型经世实学。如南宋以陈亮、叶适为代表的功利学派,明清之际的经世之学,道咸年间的经世派实学等,都属于外王型的经世实学。

实学中的"实体"与"达用",犹如鸟之两翼、车之两轮,密不可分。但是从中国实学思想发展史来看,随着社会的治乱和忧患意识的隐显,中国实学总是或侧重于内圣型经世实学,或侧重于外王型经世实学,不断地在转换中向前发展。

历史证明,每当社会处于"治世"(如明初至明中叶、清代"乾嘉盛世"),社会经济发展,人民生活比较稳定,各种社会矛盾相对缓和,实学往往以一种内圣型的经世之学的形式表现出来,或者作为"潜能"埋藏在"纯学术"的外壳之内(如考据学),经世意识往往淡而不现、隐而不彰。而一旦当社会处于内忧外患的"乱世",忧患意识和经世思想便会在时代的呼唤下觉醒,由内圣型的经世实学转向外王型的经世实学。这种实学侧重点的不断转换,都是由不同的社会历史和文化背景决定的,往往呈现出否定之否定的辩证法形式。

如宋代实学经过了一个由北宋李觏、王安石为代表的"重功利、求实用"的外王型经世之学,转向南宋以朱熹、陆九渊为代表、以"性命道德之说"为主旨的内圣型经世实学,再转向南宋中叶的陈亮、叶适为代表的事功之学和南宋末年以文天祥、王应麟、黄震为代表且以经世致用为主旨的外王型经世实学，恰好经历了一个否定之否定的过程。

清代实学的发展也是这样，清初学者承明末之乱，针对理学末流的空疏之弊，学术由内圣转向外王，出现了以顾炎武、黄宗羲、王夫之为代表的经世之学。随着乾嘉盛世的出现，清初的忧患意识和经世之学又披上了纯学术的考据外衣。道咸年间，社会矛盾的激化和经世思潮的崛起，抛弃了纯学术的考据学，又把外王型实学推向了新的高潮。

中国实学思想发展中的这种否定之否定的过程，与中国社会历史的曲折发展过程是一致的。这仿佛是中国实学发展的一条历史规律，至少可以说是一种常见的历史现象。

三　中国实学的起点和终点

如果前面是从横向考察中国实学的话，那么对中国实学的起点、终点及其发展阶段的探讨，则属于纵向考察了。关于中国实学的起点，目前学术界或认为起于先秦，或认为起于汉代，或认为起于唐代。在我们看来，这三种说法虽都有一定道理，但都失之过早。探讨中国实学思潮的兴起，绝不能仅依中国实学思想渊源和某些特征将其起点往前推，因为任何一种社会思潮的出现都有其特定的社会历史文化背景和基本理论模式及其时代主旨。离开了这一点，也就离开了历史唯物主义原则，任何一个学术概念和哲学范畴的出现，只能是某种特定历史条件的思维成果。

"实学"概念的某些思想内容虽早已有之，但把这些内容升华为"实学"概念，则始于北宋程颐。尔后，宋元明清时期的许多实学家都沿用这一概念，从不同的角度来阐述中国的实学思想，从而构成了长达800多年的中国实学思潮。北宋时期的实学家，为了挽救北宋中期的社会政治危机，在同汉唐以来的"俗儒记诵辞章之习"和佛老的"虚无寂灭之教"的辩论中，继承与发展了儒家的"内圣外王之学"，并且在吸取佛、老的本体论思想的基础上，从"体用不二"的新的思维角度，将儒家传统的"内圣外王之学"升华为"实体达用之学"，从而构成了中国实学的基本理论模式与框架。这是中国实学起点的重要标志。

关于中国实学的终点，目前学术界或认为终于清代乾嘉考据学，或认为终于1840年鸦片战争。在我们看来，这两种说法虽然都有某些道理，但也失之过早。单从经世实学的角度，乾嘉考据学的经世意识确实淡化了，但这并不是经世意识的泯灭，只是在某种特定的历史文化氛围中不得不以"纯学术"的形式来表露他们的经世观念。

如果从实学的整体角度看，乾嘉考据学不但批判宋明理学，发展古典实测之学，而且在治经中坚持"实事求是之学"，又进一步向前推动了中国实学的发展。1840年鸦片战争后的地主阶级的洋务派，其思想虽然包含较多的"西学"与"西政"，但是从他们的思想深层结构和由他们提出的"中体西用"的理论模式来看，仍属于中国古典的实学范围。

所以，我们主张把以曾国藩、张之洞为代表的洋务派思想体系作为中国经世实学的殿军。随后，不管是以康有为、梁启超为代表的资产阶级改良派，还是以孙中山、章太炎为代表的资产阶级革命派，他们的思想体系虽然吸取了中国古典实学的丰富内容，但本质上已摆脱了中古文化形态，而成为全新的"近代新学"了，并且逐步取代中国古典实学而占据近代社会主流地位。

从北宋中期到晚清洋务派的800多年间，中国实学思想经过了三个历史发展阶段。

（一）从北宋至明中叶，是中国实学的产生和发展阶段

随着北宋社会政治危机的出现和儒学复兴运动的兴起，宋儒针对汉唐以来的"俗儒记诵辞章之习"的"无用"和佛老的"虚无寂灭之教"的"无实"的弊端，在思想领域掀起了一股崇实的社会思潮。这股实学思潮，既包括理学思想体系中的某些实学思想，也包括当时功利派的经世实学思想。

以程朱为代表的理学派和以陆王为代表的心学派，它们的治学宗旨虽着力追求道德性命之学，具有重实体而轻达用的内省趋向和虚无成分，但是在它们的理学思想体系中也含有某些实学思想，他们的著作不但曾多次使用过"实学"概念，而且还从不同角度说明实学思想，诸如实理论、实性论、实功论、实践论、经世致用论和"格物游艺之学"等。与之平行发展的还有宋明功利派的实学思想，如北宋李觏、王安石，南宋陈亮、叶适，宋末的巽斋学派、深宁学派，明初的丘濬等，他们在同佛老与理学末流的空虚主义的辩论

中，由道德性命之学而转向"学术有实、有用"，由重实体之学而转向重达用之学，突出地阐述了经世实学。正因为这一历史时期的实学思想还不完备、不成熟，再加上理学思想始终占据社会主流，所以当时实学家还没有能够真正把"实体"与"达用"两者结合起来，构成系统的具有严密逻辑结构的实学思想体系，或偏于内省的实体之学，或偏于外王的达用之学。当然，这并不是说它缺一翼，只是说它过于偏于一翼，而未能使元气实体论与达用之学有机地构成一个完整的实学思想体系。

（二）从明中叶到清代乾嘉时期，是中国实学思想发展的鼎盛时期

中国后期封建社会总危机的爆发和资本主义生产萌芽的产生，把中国实学思想推向了高潮。这一历史时期，实学家在同宋明理学末流的"空虚之学"的辩论中，吸取张载等人的气本体论思想，逐步地建立起完整的元气（气）实体论哲学思想体系，从而把元气实体哲学与多姿多彩的达用之学有机地结合起来，成为中国实学思想的最完备、最成熟的理论形态。

这一历史时期，无论是经世之学还是实测之学，都比宋元时期具有更加丰富的社会内容，特别是随着"西学东渐"而在科学领域开创了重实践、重验证、重实测的时代新风，把重经验的归纳法与重理性的演绎法结合起来，这是宋元"格物游艺之学"所不具备的。从广度上看，明清实学既包括经世之学、实测之学，也包括明经致用论和史学经世说，较之宋元时期更加拓宽了，也更加深刻了。同时他们在与宋儒的辩论中，还提出了系统的考据实学。从深度上看，除了地主阶级改革派的进步思想外，还出现了反映市民阶层利益和愿望的启蒙实学。这种启蒙实学，既表现于社会政治领域，又表现于哲学与文学艺术领域。这是宋元时期所不具有的新质的东西。

（三）从清代道（光）咸（丰）到同（治）光（绪）年间，既是中国经世实学思想的高涨时期，也是由中国古典实学通往近代新学的转型时期

这一历史时期的实学思想，主要是围绕"救亡图存"这一时代主题而展开的。他们在批判乾嘉考据学和理学末流的过程中，通过今文经学的形式充分发挥了中国实学中的经世之学。对于实体之学的探讨，则相对削弱了。在经世实学中，除了继承传统的社会内容外，还侧重增加了"洋务"这一新的

社会内容。他们面对帝国主义的入侵和西学的大量输入，敏锐地提出了"师夷长技以制夷"和"中体西用"的思想，提倡向西方学习，以求达到富国强兵之目的。在史学经世上，他们不但集中研究了西北史地学，而且进一步拓展了域外史地学，从封闭走向开放，这也是中国古典实学所不具有的。晚清实学的最大特点就是在中西文化的冲撞与融合中，既继承了中国古典实学的成分，又大量地吸收了西政与西学，企图以西学之实补中学之虚，具有二重性。这一特点是由晚清社会矛盾的特殊性所决定的。

由上可知，"实学"这一概念并不是一个静态的结构，而是一个动态的历史范畴。只有从中国历史发展过程来说明中国实学的演变，才符合历史唯物主义原则。

四　中国实学的现代转换

从现代的观点看，中国实学作为中国古代的文化形态虽早已成为历史的陈迹，但是它并没有消亡，在中国思想史上它是最接近于近现代的文化形态，它的原典精神仍然深深地扎根于现代中国人的文化心理结构之中，具有超时空的普遍性。所以，现代人可以通过古代实学原典去领悟它的精神实质，并以现代人的心态和需求去转换和应用中国古典实学，将中国实学与现代沟通起来，努力寻找二者的衔接点，由传统走向现代化之路。

（一）实事求是的崇实精神

中国实学的基本特点是"崇实黜虚"，处处突出一个"实"字。在本体论上讲究"实体"，反对"以无为本""以空为本"；在人性论上讲究实性、实心，反对"以心性为空"；在道德修养上讲究"实修""实功"，反对"空悟"之论；在知行观上讲究"实行""实践"，反对言行脱节的浮夸之风；在人生价值上坚持"实政""实用"，反对逃世、出世；在学风上提倡"实言""实风"，切忌一切空言、套话、废话、大话。中国实学发展史证明，凡是坚持实事求是的崇实精神，国家必强，社会必治；凡是违背实事求是的崇实精神，国家必弱，社会必乱。是否坚持实事求是的崇实精神，是关系到国家生死存亡的重大问题。在今天，提倡这种崇实精神，对推进中国现代化仍具有积极的现实意义。我们反复强调实事求是的思想路线，坚持求真务实之学，可以说是对中国实学思想的继承、弘扬与发展。

（二）追求真理的科学精神

中国儒家的"重道义、轻技艺"的思想传统，虽然对弘扬科学精神有一定的制约作用，但是在中国实学史上却始终注重弘扬追求真理的科学精神。从宋代的"天地动植之学""格物游艺之学"，到明清之际的"实测之学"，再到近代的"格致之学"，实学家们都自觉地把科学纳入中国实学的范围。继承与弘扬这种科学精神，正是从中古文化走向近现代文化重要的突破口和衔接点之一。在中国现代化的过程中，我们应以"科技是第一生产力"为指导思想，大力提倡"科技兴国"，努力促进科学技术的长足发展，争取中国早日跨进世界强国之林。

（三）"兴利除弊"的改革精神

一部中国实学发展史，实际上也就是一部"兴利除弊"的改革史。每当中国历史上出现"内忧外患"之时，也就必然会引发出实学思潮。而每一次实学思潮的出现，其历史使命总是"兴利除弊"，以达到挽救社会政治危机之目的。不管是地主阶级改革派，还是新兴市民阶层，他们既从社会政治上揭露了当时的各种积弊，又从思想上批判了佛老与理学末流的空疏之风和各种禁锢人性的陈规陋习，同时他们在田制、农技、水利、赋税、漕运、荒政、边务、兵制、吏治、科举诸方面提出了一系列的改革方案，甚至有的实学家还亲自发动与领导了社会政治改革运动（如北宋王安石、明代张居正等），从而推动了社会向前发展。中国历史上以"兴利除弊"为主要内容的实学思潮，不但为我们今天的社会改革提供了丰富的历史经验教训，其改革精神和牺牲精神，也永远激励着我们在困难中前进。中国只有推行改革才有前途，因循守旧是没有出路的。

（四）放眼世界的开放精神

从中国实学发展的历史来看，实学是一个开放性的思想体系，而非一个凝固不变的封闭体系。实学的开放品格主要表现为两方面。

第一，善于及时地吸取外来文化的精华，以补充和发展自己。中国实学是在中国这块土地上滋生的社会思潮，具有儒家所固有的经世传统和道德理想，对于一切外来文化具有本能的排斥性，这是不言而喻的。但是中国实学从一开始，就在批判外来文化——佛教的同时，也吸取了隋唐佛教的合理成分，特别是佛教关于"本体"和"体用不二"的观念，将传统儒家的"内圣外王之学"升华改造成"实体达用之学"，从而为儒家的内圣之学提供了坚实的哲学基础。明清之际，随着"西学东渐"和中西文化的冲突与融合，明清实学家特别是当时的自然科学家，便及时地从西学中吸取了科学内容和近代科学思维方式，并将其与中国传统实学思想相结合，构成了明清实学的重要内容。鸦片战争以后，晚清实学家顺应世界进步的潮流，提出了"师夷长技以制夷"和"中体西用"之说，不断地向西方寻求真理，接受西方传入的"西学""西政""西艺"，用来补充、修正中国古代实学的内容，使之成为中国先进知识分子"救亡图存"的重要思想武器。同时又将中国实学推广到世界各国，以推动人类文明的发展。

第二，中国实学从一开始，便通过各种文化交流渠道，传播到朝鲜、日本和东南亚各国，并在那里与本土文化相结合，逐步形成了朝鲜实学和日本实学等。明清时期既有"西学东渐"，也有"东学西渐"，中国传统文化和中国实学通过西方传教士而流传到西欧各国，并且成为欧洲文艺复兴和资产阶级革命的重要推动力之一，为西方现代文明的建构作出了自己的贡献。

中国与世界各国的文化交流，不但是双向的，同时也是互补的。譬如，当中国强盛之时，宋元明清的实学思想曾传到日本，对明治维新和日本的近代化都有一定的促进作用；而鸦片战争之后，由于中国"救亡图存"的社会需要，先进的中国人（如王韬、梁启超等）又从日本引入了许多实学家的先进思想，成为中国近代社会改革重要的思想武器。

由此可见，中国实学并不是如某些人所说的是一个僵死的封闭体系，而是一个善于不断地从外来文化中吸收营养，并且不断地将自己的思维成果奉献给世界各国的开放性的思想体系。中国实学的生命力，就在于它的开放性。在推行改革开放的今天，我们不但可以从中国实学的开放品格中汲取历史经验，而且也可以从历史中证明中国只有开放才会有出路的真理，从而增强我们改革开放的信心和勇气。这是中国实学留给我们的珍贵的精神财富。

中国实学作为中国特定社会历史条件下的产物，虽已过时，但是它的精神依然存在。只要我们持续弘扬实学精神，善于对它进行现代转换，那么实学对于推动中国现代化进程必将产生重要的现实意义。

（葛荣晋，中国人民大学哲学院教授，中国实学研究会创会会长）

·传统实学研究·

论明清之际的经世实学思潮与人文启蒙思潮*

王 杰

摘 要 明清之际，旧的传统的思想观念与新的先进的价值理念发生了激烈的冲击和碰撞，社会面临着一系列令人瞩目的价值冲突和社会转向。本文将从理学之衰微与经世实学思潮的勃兴；抨击理学空谈性理，倡导实学实行实用；舍经学而无理学的学术转向；西学东渐与自然科学的复活以及批判封建君主专制，启导人的思想解放几个层面对明清之际的经世实学思潮与人文启蒙思潮做一系统梳理和评判。

关键词 经世实学 人文启蒙 价值冲突 社会转向

明清之际是可以与春秋战国之际相媲美的重要时代，是思想家自觉对秦汉以来的文化传统及价值观念进行深刻反省和理性批判的时代。明清之际，中国社会走到了一个新的十字路口，处在由传统社会向近代社会过渡的关键时期，无论是在政治、经济领域还是在思想、文化领域，旧的传统的思想观念与新的先进的价值理念在这一时期发生了激烈的冲击和碰撞，社会面临着一系列令人瞩目的价值冲突和社会转向。其中最重要的是，随着明清之际的知识界、思想界对程朱理学与陆王心学末流的猛烈抨击，随着封建体

---

* 本文原刊于《哲学与中国》2018年春季卷。

制内部革新派与新兴市民阶层两股社会力量的"汇合"而兴起的经世实学思潮。

本文将从理学之弊与经世实学思潮的出现、反对理学空谈心性、主张实学实行实用、舍经学而无理学的价值取向以及西学东渐与自然科学的复兴四个层面对明清之际的经世实学思潮做一全景式的描述。

一 理学之衰微与经世实学思潮的勃兴

谁都不能否认任何一种思想文化形态的发展有其前后的继承性,前一时代的思想不可能在后一时代突然消失,后一时代的思想也必然能够在前一时代找到它的萌芽。从历史上看,每一个思想家、每一个思想流派都是在继承前人已有思想观点的基础上形成、发展起来的,每一个思想家必须汲取前人已有的思想或学术成果,这是任何一个历史时期思想得以存在和发展的前提和基础。明清之际绝大多数思想家虽然各自在自己学术领域的侧重点不同,或侧重经学,或侧重史学,或侧重哲学,或侧重实用,但有一个不容否认的事实,那就是他们大都是从朱学或王学中分化、脱胎而来的,一开始几乎都是程朱理学或陆王心学的追随者和信奉者,在理论或思想渊源上与朱学或王学保持着千丝万缕的联系。如黄宗羲、孙奇逢、李颙、唐甄等人基本属于陆王心学系统;顾炎武、王夫之、陆世仪等人基本属于程朱理学系统。

作为特定历史环境的产物,任何一个人都无法摆脱"既定社会历史环境"的熏陶和影响。当某一思想形态处于鼎盛巅峰期,某些人或可成为某一思想形态的继承者、传播者和发扬光大者;当某一思想形态开始走向没落、走向衰退时,某些人或可成为某一思想形态的修正者、改良者乃至激烈的批判者。特别是在社会发生剧烈变动、民族处于兴衰存亡的关键时刻,某些人对传统思想形态的怀疑精神和批判精神就显得尤为强烈。就是说,任何一种思想形态,从它开始存在的那一刻起,它内部就已包含着自我批判、自我否定的因素,就决定了它必然走向自己的反面。

以程朱理学为例。理学自北宋中期兴起以后,历经宋、元、明三朝长达六百年的发展演变,先后形成了程朱理学与陆王心学两大理学流派。两派虽问学路径各有侧重，程朱重"格物穷理"，陆王重"发明本心"；此外，两派在一系列重大理论问题上，如"心即理"与"性即理"，"人心"与"道心"，"天理"与"人欲"，"无极"与"太极"，"形而上"与"形而下"等都存在较大争论与分歧，但在本质上他们却是一致的，即"同植纲常，同扶名教，同宗孔孟"①。到明后期，随着封建制度走向没落，理学已沦为"游谈无根""竭而无余华"，完全以抄袭"宋人语录"及"策论"为治学圭臬，严重脱离实际，变成了空疏无用之学，对宋明以来的学风造成了极其恶劣的影响，使得一般士人沉湎于空谈心性，不切实际，不谙时务。这种空疏无用之风，导致了宋明时期社会的日益衰落和吏治的极端腐败。随着明后期各种矛盾的日益凸显，理学作为政治附庸的特点日益明显，其腐朽性也更加暴露无遗，给社会造成了极其严重的后果。

为了矫正理学所带来的社会弊端，自明中叶后，学者自立门户，学术朝两个方向展开：一方面表现为王学运动；另一方面表现为古学（经学）复兴运动。王阳明以继承陆九渊的思想为己任，试图取理学而代之。一时间，作为一种崛起于民间的思想形态，王学逐渐成为一种被社会认可的主流思想观念，而理学则被一般士人藐视。从程朱理学与陆王心学作为两种截然不同的价值观念的递嬗来看，尽管当时社会上普遍认同的价值观是王学，但作为官方意识形态的仍然是程朱理学。这就是一个社会往往存在的多元价值观的表现形式，也是一个社会不同阶层所确立的不同的价值标准。上有所好，下未必一定好之；上有所恶，下未必一定恶之，这就是社会历史发展的辩证法。

随着中国封建制度日益走向没落，无论是理学还是王学，越发展越背离初衷；越发展其弊端就越暴露无遗，完全坠入寻章摘句、支离烦琐之途。于是，明朝中后期，从封建社会的母体中产生了一股在批判宋明理学过程中逐渐形成的提倡经世致用的实学思潮，这一实学思潮在明清之际主要表现为经世实学思潮。明清之际的经世实学思潮具体表现为两个方面：对理学的空谈心性而言，主张经世致用；对理学的束书不观而言，主张回归儒家原典。明清之际已有一些思想敏锐的思想家在明后期思想家杨慎、李贽等人开创的批判理学或心学的基础上继续对理学或心学的流弊进行反思和批判，开始倡导

---

① （明清）黄宗羲：《宋元学案·象山学案》，中华书局1986年版，第1887页。

一种新的经世实学学风，这种新的学风由萌芽渐至发展，成为与理学、心学相并立的新的思想观念和价值形态，显然，这是一种积极进步的、有前途有活力的适应社会发展需要的新的思想观念，因而成为一种新的社会时尚、新的实学精神。

明清经世实学思潮以"经世致用"为价值核心，在批判程朱理学"束书不观，游谈无根"的基础上，大力提倡经世致用、实事求是之学，把学术研究的范围从儒家经典扩大到了自然、社会和思想文化领域，对天文、地理、河漕、山岳、风俗、兵革、田赋、典礼、制度等，皆在探究问学之列。

毋庸讳言，大多数明清之际的思想家如顾炎武、黄宗羲、王夫之、颜元、李塨、朱之瑜、方以智、陈确等人，是这一经世实学思潮的参与者与推动者。让我们假设一下，如果没有大的政治变动和社会变迁，如果没有社会转轨所造成的道德失范和心灵震荡，或许这些思想家仍将徘徊在朱学或王学的世界中踽踽独行。但是，历史不容许假设。社会的急剧变革一方面造成了社会固有道德观、价值观的濒临崩溃；另一方面也造成了一大批社会的先知先觉者把自己融入社会变革的浪潮，紧紧把握时代脉搏，对传统的道德观、价值观进行重新估价和评判。他们在对传统旧价值观进行全面反思和批判的同时，积极倡导一种新的思想、新的价值观，试图为社会提供一种新的价值导向，引导社会走出理学的氛围、走出中世纪的门槛。可见，学术文化的发展同其他文化的发展一样，是在继承前人思想成果的基础上逐渐形成、发展起来的，是变革和延续、创新和继承的辩证统一。

二　抨击理学空谈性理　倡导实学实行实用

经世实学思潮是批判理学空谈性理的产物。经世思想在中国源远流长。"经世"一词最早载于《庄子》一书，"春秋经世，先王之志，圣人议而不辩"[1]。经世致用是中国文化中一以贯之的思想传统，是中国知识分子实现其价值目标和道德理想的内在精神。"经世"思想在不同时期具有不同的含义：

---

[1] （清）郭庆藩：《庄子集释》，中华书局2012年点校本，第89页。

有时强调主体的道德修养,有时强调治国安邦平天下,有时强调实行实用,有时强调事功趋利。一般说来,中国传统的"经世"思想体现了这样一种价值走向:当社会处于稳定或"盛世"时期,"经世"思想表现得比较平淡;当社会处于转轨或危机时期,"经世"思想就表现得比较明显。明清之际,在中华大地上,涌现出了一大批提倡经世致用的思想家,他们或以经学济理学之弊,以复兴古学(经学)为己任;或独辟蹊径,开诸子学研究之风气;或探究"切用于世"的学问,以求实功实用;或会通西学,倾心于"质测之学"的研究,尽管他们在学术领域各领风骚、各显风采,但他们有一个特点是共同的,就是在抨击理学空疏之弊的同时,竭力提倡经世致用、实学实用,从学风、学术上呈现出一股崇实黜虚、舍虚务实的新风尚,他们共同形成了一个代表社会进步方向、符合时代进步要求的学派——经世实学学派。

与明清时期出现的从理学桎梏下解放出来的强烈要求相呼应,明中后期在江南地区出现的资本主义萌芽已相当明显,对明清之际兴起的经世实学思潮起了推波助澜的促进作用。明清之际的经世实学思潮就是从总结和批判理学与王学末流空谈误国的潮流中逐步形成和发展起来的,其代表人物主要有陈子龙、陆世仪、李时珍、杨慎、徐光启、李贽、方以智、顾炎武、黄宗羲、王夫之等人。他们大多胸怀救世之心,关心国计民生;读书不尚空谈,重视实用之学。由此可见,明清之际提倡的新学风,主要是针对宋明理学的"空疏之风"而产生的。学风问题并不仅仅是纯粹的学术问题,一代学风的形成与转变,与当时社会的政治、经济、文化思潮密切相关。经世实学学派的学术宗旨就是"崇实黜虚""废虚求实"。

不可否认,理学在初创之时,颇具有疑经、不守传注等创新精神,但其疑经行为往往流于主观武断;不守传注往往流于任意解经甚至改经,以致学界盛行穿凿附会、蹈空尚虚之歪风。早在明中后期,杨慎就已公开把程朱理学斥为"学而无用"之学,指出理学之根本错误就在于否定汉唐学人对儒家经典的研究成果,从而陷入"帅心自用"和"一骋己见,扫灭前贤"的境地;把陆王心学斥为"学而无实"之学,走上了"渐进清谈,遂流禅学"的道路。明末著名思想家李贽也揭露说,那些谈论程朱理学的人,其实都是一群"口谈道德而心存高官,志在巨富,既已得高官巨富矣,仍讲道德,说仁义自若"的伪君子,是一群"口谈道德而志在穿窬","被服儒雅,行若狗尬"的败俗伤世者。这群人虽口谈"我欲厉俗而风世",但他们对社会道德和风气的影响,"莫甚于讲周、程、张、朱者也"(《焚书·又与焦弱侯书》)。明末另一位著名思想家吕坤也指出,学术要以"国家之存亡,万姓之生死,身心之邪正"(《呻吟语·谈道》)为目标,吕坤称之为"有用之实学"。高攀龙也强调"学问不是空谈,而贵实行",如果"学问通不得百姓日用,便不是学问"。(《高子遗书》卷5)

明亡以后,明清之际的思想家更是从文化的原因来阐释社会政治问题,把宋明理学清谈空疏之学风看作明亡的根本原因,李塨说:"当明季世,朝庙无一可倚之臣,坐大司马堂,批点《左传》;敌兵临城,赋诗进讲,觉建功之名,俱属琐屑"(《恕谷集·书明刘户部墓表后》卷9)。李塨把明亡的原因归结为"纸上之阅历多,则世事之阅历少;笔墨之精神多,则经济之精神少"(《恕谷年谱》卷2)。真可谓一针见血,入木三分。黄宗羲对明以来理学空谈性理的弊端进行了猛烈抨击,以为"明人讲学,袭语录之糟粕,不以六经为根底。束书而从事游谈,更滋流弊。……然拘执经术,不适于用"[1]。陆世仪把当时除六艺之外的如天文、地理、河渠、兵法之类,皆看作实用的学问。顾炎武反对"空疏之学",力倡"经世致用",以"修己治人之实学"取代"明心见性之空言",主张文须"有益于天下,有益于将来"[2]。他撰著《日知录》就在于"明学术,正人心,拨乱世以兴太平之事"[3]。认为"文不关于经术政事者,不足为也"(江藩:《国朝汉学师承记》)。顾炎武把当时理学的清谈与魏晋时期做了比较,指出:"今日之清谈,有甚于前代者。昔之清谈谈老庄,今之清谈谈孔孟。"他指责那些夸夸其谈者"不习六艺之文,不考百王之典,不综当代之务,举夫子论学论政之大端,一切不问,而曰'一贯',曰'无言',以明心见性之空言,代修己治人之实学。股肱惰而万事荒,爪牙亡而四国乱,神州荡覆,宗社丘墟"[4]。在顾炎武看来,正是由于理学的清谈导致了明朝的覆亡,这是顾炎武从历史的回顾中和对理学的批判反思中得出的历史结论,反映了明清之际思想家对理学的一种共识与历史自觉。李二曲在

---

[1] 蔡冠洛编:《清代七百名人传》(三),世界书局1927年版,第1577页。
[2] (清)顾炎武:《日知录校注》,陈垣校注,安徽大学出版社2007年版,第1043页。
[3] (清)顾炎武:《日知录校注》,陈垣校注,安徽大学出版社2007年版,第22页。
[4] (清)顾炎武:《日知录校注》,陈垣校注,安徽大学出版社2007年版,第384页。

提出"明体适用"主张的同时,指出"真知乃有实行,实行乃为真知"。主张用"酌古准今,明体适用"的实学取代"凭空蹈虚,高谈性命"的俗学,把那些"明体而不适用"的人皆视为"腐儒"。史谓其"言言归于实践"(《清儒学案·二曲学案》)。王夫之也主张"明体适用",提倡"言必征实,义必切理"(《儒林传稿·王夫之传》)。

如果说顾、黄、王、唐等思想家或偏袒程朱,或偏袒陆王,对理学还有所保留的话,那么,明清之际另一系统的思想家颜元、潘平格、陈确、傅山等人则对于理学或心学,一齐推倒,没有丝毫保留。颜元为学最强调实学实用,他认为,自汉晋章句泛滥以来,清谈虚浮日盛,尤其是宋儒"著述讲论之功多,而实学实教之力少"[①]。其为学之要旨是"习行于身者多,劳枯于心者少。……为做事故求学问,做事即是学问"(《颜习斋先生年谱》卷下)。颜元认为,要看一件事有无实用价值,实践是最好的检验标准。他把理学家空谈的"正其谊不谋其利,明其道不计其功",予以根本扭转,针锋相对地提出了"正其谊以谋其利,明其道而计其功"。并把自己的治学之道归结为实学、实习、实行。梁启超说他"举朱陆汉宋诸派所凭借者一切摧陷廓清之,对于二千年来思想界,为极猛烈极诚挚的大革命运动"[②]。潘平格斥责理学家丧失良心、学杂佛老,根本谈不上是真儒。潘平格的反理学思想,在清初颇受重视,被誉为"儒门之观音"。陈确从另一个方面把怀疑矛头指向程朱理学数百年立论根基之一的《大学》,作《大学辨》,阐明《大学》非圣经贤传,理学存在的根基被动摇,与之相呼应,傅山倡导的诸子学研究认为先有"子",然后才有"经",动摇了孔门独尊的地位,开创了清代诸子学研究的新风。

总之,明清之际的思想家已深刻地意识到,理学的空谈已经对社会造成了极大的危害,不对理学进行纠正和批判,将有可能导致"亡天下"的后果。因此,对理学的"清谈误国"是当时思想家的普遍共识,也是引发经世实学思潮滋生和发展的契机。

---

① (明清)颜元:《颜元集》,中华书局1987年版,第43页。
② 梁启超:《中国近三百年学术史》,东方出版社1996年版,第105页。

三 舍经学而无理学的学术转向

"舍经学而无理学"是与反对理学空谈性理密切相关的。因为在中国的经学传统中，始终存在着一种"求实"的精神，而这种"求实"精神正可以用来作为批判理学空疏无用的理论武器。经学是自秦汉以来中国学术的主要形式，也可以说是中国传统学术的主流，故冯友兰先生在其著作中把自汉代董仲舒至晚清康有为时期的中国学术称为中国哲学史上的"经学时代"[①]。千百年来，中国的学问几乎都与"经学"有着极为密切的关系，不管提倡者也好，反对者也罢，他们争来论去的视角从来没有离开过经学的领域，各种学派、观点之争，如汉、宋之争，今、古文之争，理气、心性、道气之争等，都是由对经典的不同诠释方法引发而来的。

中国经学的发展形态，历来有几种不同的观点，但从经学的社会功能来看，无非有三种不同的表现方式：从社会政治的层面讲，经学表现为以"求用"为目的，今文经学为其代表；从历史文化的层面讲，经学表现为以"求实"为目的，古文经学为其代表；从哲学本体的层面讲，经学表现为以"闻道"为目的，宋学为其代表。今文经学治经，皆借经典之"微言"以阐发社会政治之"大义"，在今文经学看来，凡是与经邦济世无关的学问，皆为迂阔不实之学。古文经学治经，最讲实事求是、无征不信，最讲严谨的治学态度和实证的治学方法，最具西方科学的精神。宋明理学虽被后人讥为空谈性理，但他们却认为性理是最大的实际，若离开性理而谈论修身养性、治国安邦，便是舍本而逐末。这里的问题在于，理学家往往要么脱离经典，把自己的意见强加到经典上面；要么舍弃经典，任意发挥自己的意见，从而陷入游谈无根的泥潭。若从人的精神层面来考察，理学家们确实抓住了人的某种非常"实际"的内容，是一种"颠倒了的""求实"精神。

经学在经过两汉的兴盛后，便沉寂不彰，分别为玄学、理学所取代。从思想史发展的角度来看，理学是对唐韩愈、柳宗元以来儒学复兴运动的理论

[①] 冯友兰：《中国哲学史》，中华书局1984年版，上册，第485页。

总结，是在儒、释、道三家相互辩难、相互吸收、相互融合的基础上形成的一个新的思想理论体系，从这一点上说，理学有其存在的合理性和必然性。理学内部两派虽数百年来互争高低，但都存在一个致命的弱点，那就是他们都把"理"或"心"看作超越于具体事物之上的独立本体，"理"或"心"是评判一切的价值根源，区别仅仅在于：理学是为封建伦理纲常寻找最终根据；而心学则旨在为人生人性寻找价值本原。这样，其理论自身就留下了一个无法回避和解决的悖论，以至于其末流或恃己意为真理，或近于狂禅，无论是程朱之学抑或是陆王之学，都只是理学内部的两个流派而已，因此，清人一般把理学称为宋学，把理学家称为宋儒，实即包含了程朱之学和陆王之学。程朱之所谓"理"与陆王之所谓"心性"，在明清之际的思想家眼里，都是一种"虚而不实"的东西，它们成为脱离自己的载体而被理学家任意涂抹粉饰，成为被歪曲的对象。为了恢复被理学家歪曲了的"理"与"心性"的本来面目，使之从"神化"中摆脱出来，就必须回归到儒家原典。回归儒家原典是以"复兴古学（经学）"的形式表现出来的。

明末，学术思想界弥漫着"束书不观，游谈无根"的空疏之风，于经世、治国之道毫不关心，"恁是天崩地陷，他也不管，只管讲学耳"①。针对这股衰世颓风，明弘治、嘉靖年间已有一大批学者致力于"复兴古学（经学）"，如明弘治、嘉靖年间前后七子文章之"复古"，提倡"文必秦汉，诗必盛唐"；主张读古书、识古字、辨古音，据此有学者把明弘治、嘉靖年间前后七子文章之"复古"看作清代考据学的渊源。于是音韵、文字之学始引起学者的关注；一批专著如赵撝谦的《六书本义》、赵宦光的《六书长笺》、杨慎的《古音丛目》《古音猎要》《转注古音略》、陈第的《毛诗古音考》《屈宋古音考》等相继面世。杨慎以博洽著称，主张多闻多见、尚博尚实，提倡一种新学风与新的治学方法，被认为"读书博古崇尚考据之风实从此起"②。

此外，杨慎稍后的陈耀文、王世贞、胡应麟、焦竑、方以智等人，对古学（经学）复兴运动都起了推波助澜的作用，但人们往往忽视这样一种事实：即王阳明本人对经学复兴所起到的思想解放价值和意义。王阳明在他的著作

---

① （明清）黄宗羲：《明儒学案》，中华书局2008年版，第1470页。
② 嵇文甫：《晚明思想史论》，东方出版社1996年版，第145页。

中多次从"心学"的角度强调"经学"的重要性,指出"六经非他,吾心之常道也","六经者,吾心之记籍也;而六经之实,则具于吾心"。① 中国台湾学者蔡仁厚把王阳明的这一思想概括为"经学即心学"思想。② 王阳明正是有感于"六经乃分裂于训诂支离,芜蔓于辞章业举之词",于是发出了"有志之士,思起而行之"③的倡议。

由于王学在当时正处于取理学而代之的强劲势头,因而王阳明对经学的态度对经学的复兴也同样起了相当重要的作用。我们应当把王阳明时代与王阳明后学时代(主要是晚明时期已经流于狂禅的王学)严格区分开来,这是我们看待、分析一切历史问题的基本立足点之一。晚明,由于王学势力过于强大,占据主流思潮,古学(经学)复兴运动还处于王学阴影的笼罩之下,还没有人能够把经学从理学体系中分离出来。明清之际的思想家在总结明亡的沉痛历史教训时,痛感王学末流的泛滥无用,经学日渐荒疏。

顾炎武最先高举"经学即理学"的旗帜,上承矫正理学之弊,下启清代考据学之先,成为从理学向考据学转向的关键人物。顾炎武提倡"通经"在于"致用",主张接触现实,研究社会出现的实际问题;强调"明辨经学源流",指出"古今安得别有所谓理学者,经学即理学也。自有舍经学以言理学者,而邪说以起,不知舍经学,则其所谓理学者禅学也"(《鲒埼亭集·亭林先生神道表》)。"古之所谓理学,经学也……今之所谓理学,禅学也。"(《亭林文集·与施愚山书》)把流行于世的"理学"贬斥为"禅学",把它排斥在正统儒学之列。

顾炎武提出的"舍经学而无理学""经学即理学"的学术纲领,在当时思想、信仰都出现严重危机的情况下,确有扭转学风之功业:一是,明确了以经学为治学之本;二是,他反对的是杂袭释老、断章取义的"今之理学",他期望在经学的基础上重建理学系统;三是,他认为一切学问都是为了"致用"。顾炎武真正把经学从理学体系中分离开来,使经学成为一门独立的研究学问,对有清一朝三百年的经学发展产生了重要影响。顾炎武提出的"舍经

---

① (明)王阳明:《王文成公全书》,中华书局2015年版,第309页。
② 蔡仁厚:《新儒家的精神方向》,台北:台湾学生书局1982年版,第227—237页。
③ (明)王阳明:《王文成公全书》,中华书局2015年版,第273页。

学而无理学"原则及"读九经自考文始,考文自知音始"(《亭林文集·答李子德书》)原则成为影响清代乃至近现代学术的重要治学原则,经学又重新由学术边缘走向学术的中心,成为从理学之虚到经学之实的转向。

对于明清之际的这股"复兴古学"的现象,梁启超有一段非常精辟的评论:"综观二百余年之学史,其影响及于全思想界者,一言蔽之,曰'以复古为解放'。第一步,复宋之古,对于王学而得解放;第二步,复汉唐之古,对程朱而得解放;第三步,复西汉之古,对于许郑而得解放;第四步,复先秦之古,对于一切传注而得解放。夫既已复先秦之古,则非至对于孔孟而得解放焉不止矣。"[1] 但我们应把握的一点是,所谓"复古",绝不是按照原来形态回归古代社会,而是在特定历史条件下出现的以"复古"为形式,实质上确是一种"思想解放"运动,是在"复古"的外衣下注入了新的思想内容。从这层意义上说,明清之际思想界的"复古"运动,为二百年后"五四"时期"打倒孔家店"的新文化运动做了思想文化的前导工作。

四 西学东渐与自然科学的复活

明清之际经世实学思潮的另一个表现形式是明中后期"西学"的传入。有学者把"西学"传入以康熙中叶(1691)为限分为前后两期[2],本文叙述的"西学"传入大致属于第一期。"西学"所倡导的科学精神和方法适应了当时经世实学思潮的新形势需要,使中国传统的学术格局发生了一定程度的转变。"西学"的传入,拓展了当时中国人的理论视野和思维空间,丰富了日益高涨的经世实学思潮的内容,成为明清之际经世实学思潮的一个重要组成部分。

众所周知,在中国古代历史上,曾出现过两次大规模的外来文化的传入:一次是汉唐时期印度佛教文化的传入;另一次是明清之际西方基督教文化的传入。这两次外来文化的传入,对中国本土文化学术格局的变化与调整产生

---

[1] 梁启超:《清代学术概论》,上海古籍出版社1998年版,第7页。
[2] 参见杨东莼《中国学术史讲话》,东方出版社1996年版,第259页。

了极为重要的影响。基督教最早传入中国是在唐朝，当时被称为"景教"；元代时再度传入，被称为"十字教"。但这两次不同时期传入的基督教对中国固有的文化格局并没有产生重大的影响。自明朝中后期到清朝前期，大批西方传教士来到中国，他们在进行宗教活动的同时，也把西方的科学，如天文、地理、数学、物理、化学等介绍到了中国，从而开始了自唐、元以来第三次大规模的西学东渐的过程以及中西文化的沟通与交流。

最早来中国从事传教活动的是明万历年间来华的耶稣会士利玛窦，他为了适应当时中国社会的需要，制定了一套适合中国实际情况的"合儒""补儒"及"超儒"的和平传教政策，即"在政治上拥护贵族统治；在学术上要有高水平；在生活上要灵活适应中国的风土人情"①。自此以后，西方来华传教者有名可查者达65人之多。西方传教士对西方自然科学知识的介绍，使中国固有的文化结构和思维模式发生了重大变化。中国文化重道德伦理、重修身养性、轻自然科技等特点决定了中国文化自先秦以来几乎一成不变的发展理路和格局。随着西方科学知识的传入，这样的理路被打开了一个缺口，它使中国知识界在孜孜沉浸于儒家经典的同时，开始接触和吸纳西方的一些新知识、新思想、新领域，扩大和丰富了中国文化的内容和内涵。从明中后期到清中期，由于当时一大批站在时代前沿的经世实学思想家的宣传、翻译、介绍与引进，西方的机械、物理、测绘、历算等门类繁多的科学知识不断传入中国。

但是由于当时这批西方传教士自身的传教目的和学术偏见，他们对欧洲文艺复兴思潮以来的新思想、新成就讳莫如深，对当时西方最先进的自然科学思想，如哥白尼的太阳中心说、伽利略—牛顿的经典力学、笛卡尔的解析几何、波义耳的新元素说以及先进的实验法、归纳法、演绎法等大多只字未提；相反，他们都把中世纪的经院哲学大师托马斯·阿奎那奉为圭臬，他们介绍到中国的只是托勒密的地心说、欧几里得的几何学、亚里士多德的四元素说等。因此，有的学者认为中国知识界所能接触到的还只是西方中世纪的科学思想体系，不可夸大当时西方科学思想对中国文化的影响。这种观点总

---

① [法] 伊萨贝尔、微席叶：《〈耶稣会士书简〉的由来和现状》，《中国史研究动态》1980年第6期。

的来说是不错的,但还不尽全面。且不说在当时中国知识界研习西学已成为一股时尚,在有的领域,"耶稣会传教士所传入的不属于几何学的数学发明和技术在欧洲是最新的"①。再如,邓玉函、王征合译的《远西奇器图说》"汇总了从阿基米德到当时的西方力学和机械学的知识"②,"为当时世界最新之物理学书"③。因此,我们也不可低估了当时西方科学思想对中国思想文化的影响。尽管如此,当时西方科学的传入,使明清之际的知识分子从一种传统封闭的状态中摆脱出来,突破陈旧保守的思维模式,为"中国的知识和文化带来了一场前所未有的新刺激"④。

徐光启、李之藻针对晚明出现的种种弊端,极端重视西方自然科学的征实精神,他们响亮地喊出了"欲求超胜,必须会通;会通之前,先须翻译"⑤的口号,他们甚至准备用十年左右的时间对"有益世用"的图书"渐次广译",试图以"西学"来开启民智,纠中国学术之弊,以挽救明王朝的社会政治危机。明清之际的思想家在继承徐光启、李之藻自然科学观的基础上,积极吸收西方自然科学成果,对"西学"采取了欢迎的态度。黄宗羲在经世实学思潮的社会文化背景下,对西方自然科学成果给予了极大关注,并积极投身到这一科学活动的推广和传播中,撰著了大量自然科学著作,如《授时历故》《大统历推法》《开方命算》《测图要义》等。方以智更是对西方自然科学推崇备至,他把研究自然事物的学问称为"质测之学","质测"一词的含义可能是方以智取自《周易·系辞传》。方以智得出了"泰西质测颇精"、西学"详于质测"的结论。他还在自己的著名自然科学著作《通雅》《物理小识》中广泛介绍了物理、化学、历算、医学、水利、火器、仪表等西方自然科学知识及工艺技术。特别值得一提的是,明清之际的著名自然科学家王锡阐、梅文鼎,他们在借鉴、吸收西方自然科学知识的同时,积极开展天文学与数学的研究工作,他们对中、西之学均采取了实事求是的科学态度,主张

---

① [英]李约瑟:《中国科学技术史》第3卷,科学出版社1978年版,第115页脚注部分。
② 王冰:《明清时期(1610—1910)物理学译著书目考》,《中国科技史料》第7卷,第5期,1986年版,第9页。
③ 《方豪文录》,上海编译馆1948年版,第290页。
④ 何哲:《清代的西方传教士与中国文化》,《故宫博物院院刊》1983年第2期。
⑤ 徐光启撰,王重民辑校:《徐光启集·历书总目表》,中华书局2014年版,第374页。

"去中西之见","务集众长以观其会通,毋拘名目而取其精粹",王锡阐反对盲目推崇西法,指出"以西法为有验于今,可也,如谓不易之法,务事求进,不可也"(《晓庵新法序》)。主张"兼采中西"。梅文鼎在对待西学问题上,反对"专己守残而废兼收之义","喜立异而缺稽古之功",主张"法有可采,何论东西?理所当明,何分新旧"(《堑堵测量》),对西学采取了"理求其是,事求适用"的价值取向。阮元在《畴人传》中对两人做了极高的评价,"王氏精而核,梅氏博而大,各造其极"①。他们对西方自然科学思想在中国的传播和普及作出了极其重要的贡献。康熙时代所制定的一系列优容礼遇与吸收引进的政策,为西学在中国的进一步传播和普及创造了良好的社会文化环境及政治氛围。可以说,王锡阐、梅文鼎正是在这一大的时代背景下产生的著名科学家。

但是我们也应当看到,由于清初一直对西学的引进采取"节取其技能,禁传其学术"的政策,使得西方社会科学被视为"异端思想"而在传入渠道上受到极大阻碍,人们对西学的认识也大大落后于徐光启、李之藻时代,也缺少了徐光启、李之藻时代所具有的那种"但欲求其所以然之故"的理论进取精神和以"会通""超胜"为目的的科学意识。更由于在清初"西学东源"陈旧价值观念的支配下,使中国自然科学界向西方学习科学与技术的势头进一步受到阻滞。随着康熙后期对西学态度的转变以及西方传教士对中西文化传播交流重心的转移(即由西学东渐转为东学西渐),西学的传入逐渐式微以至于最后中断。西方科学思想的传入与明末涌现出的一批科学家如徐光启、李之藻、方以智、梅文鼎、王锡阐、薛凤祚以及《本草纲目》《天工开物》《农政全书》等科技巨著,共同形成了我国传统科技思想发展的最后一个高峰,同时,对明清以后,特别是对乾嘉考据学的治学范围和方法产生了极其深远的影响。

五 批判封建君主专制 启导人的思想解放

与明清之际经世实学思潮相并行的是蓬勃兴起的人文启蒙思潮。如果说

---

① (清)阮元:《畴人传·王锡阐》,商务印书馆1935年版,第446页。

与明清之际的经世实学思潮侧重于"科学"的层面，那么，人文启蒙思潮则侧重于"制度""民主"的层面。在明清之际，人文启蒙思潮不是来自外部力量，而是萌生于理学内部自我批判、自我否定的结果。由于理学存在的基础之一就是从宇宙本体论的角度论证儒家纲常伦理的合理合法性，因此它一开始就具有两重性：一方面，它之所以成为封建社会后期长达六百年的官方意识形态，与它存在的社会基础和社会功能密不可分；另一方面，理学的过分政治化、庸俗化及空谈性理、空疏无用，在社会转型及民族、政治危机时期往往成为思想家批判的对象，这时候，这种理论形态的内部就悄悄孕育着一种自我批判、自我否定的理性自觉与理性精神，孕育着摆脱封建礼教束缚，追求个性自由、个性解放、个人幸福、个人利益，追求真理的精神动力和启蒙意识，从而滋长出人文启蒙思潮的缕缕曙光。较之于近代启蒙思潮而言，学术界一般把这一时期的启蒙思潮称为"早期启蒙思潮"。前面说过，经世实学思潮与人文启蒙思潮共同构成了明清之际社会进步思潮的主流，它们之间往往交织在一起，有时候某一思想家的某一思想观点，同时具有以上两种思潮的特征和意义，因此，我们应辩证地理解这种划分的真正价值。明清之际的人文启蒙思潮主要体现在社会政治、经济、思想文化、教育、伦理道德等方面。下面我们主要从批判封建君主专制制度的角度对明清之际的人文启蒙思潮做一宏观描述。

明清之际，各种矛盾错综复杂，沿袭了近两千年的封建专制制度达到了登峰造极的程度，其弊端已暴露无遗，由于清初特定的社会历史环境，思想家们已经把批判的焦点从一家一姓之兴亡转向对整个封建制度的深层反思。明清之际的思想家对封建君主专制制度进行的大胆揭露和深刻批判，包含两层含义：一是对"封建君主"的揭露和批判；一是对"封建专制制度"的揭露和批判。众所周知，在中国古代，一直存在着"非君""君为害"的思想意识和传统，蔡尚思先生把中国思想史上对待"君主""君权"的各种观点归纳为"宗法世袭、选贤让贤、虚君无君等几大派"[①]。从孟子的"民贵君轻"论、鲍敬言的"无君"论直至邓牧的"君为害"论，都对"封建君主"进行了抨击。

---

① 蔡尚思：《黄宗羲反君权思想的历史地位》，《文史哲》1987年第2期。

晚明时期，以王艮、何心隐、李贽为代表的"泰州学派"（王学左派）是明后期人文启蒙思潮（在正统的思想家那里，把他们的表现称为异端思想）的主要代表人物。他们对两千年来的封建君主专制制度的积弊有了更深层的理解，对封建君主专制制度进行了无情的批判，从而开启了明清之际怀疑、揭露、批判封建专制制度的序幕，成为明清之际人文启蒙思潮的一个重要内容。李贽以"贬尊抑圣"的方式对封建君主提出了严厉批评，在他眼里，无论是君主还是圣人，都是一般人，"既不能高飞远举"，也常怀"势利之心"，甚至有时一般"夫妇所不能者，则虽圣人亦必不能"，因此李贽告诫人们"勿高视一切圣人也"（《明灯道古录》卷上）。李贽的这一思想言论在当时社会确实振聋发聩、震古烁今，从而遭到统治层的残酷迫害与镇压，他的思想言论被明统治者定性为"敢倡乱道，惑世诬民"，所有"已刊未刊"的书籍一律"尽行烧毁，不许存留"（《神宗实录》卷369）。清统治者也把李贽视为"狂悖乖谬，非圣无法"[①]，认为"其人可诛，其书可毁"[②]。由此也可看出李贽思想在当时社会所引起的巨大震动。

从统治者的角度来看，且不说对任何敢于批判现行体制和制度，对任何敢于动摇封建专制根基的思想言论，哪怕只是片言只语，哪怕只是思想的流露，也是绝对扼杀，毫不留情。就是对那些本与批判现行制度无关的思想和言论，也往往由于统治者的疑神疑鬼，而极尽牵强附会之能事，这一点在清代的"文字冤案"中表现得最为突出。从王艮对血肉之躯的尊崇，把百姓人伦日用看作"道"，到何心隐的"无欲则无心"，再到李贽的"穿衣吃饭即是人伦物理"，可以看出他们所倡导的是一种回归人性、回归自然的内在冲动。但"泰州学派"的主要理论贡献在于他们打破了理学对人的压制和束缚，使人在摆脱理学的束缚中看到了自我的价值和人性的力量。

明末清初的社会大变动，使得思想家们不再沉湎于程朱陆王之空谈，而是把关注的目光从"游谈无根"的泥潭中转向社会、转向现实，把学术研究与社会现实紧密联系起来，拓展了学术研究的领域和范围，对影响中国两千年的封建君主专制进行了猛烈揭露和抨击。与明中后期"泰州学派"的异端

[①] 《钦定四库全书总目提要》（整理本），中华书局1997年版，第702页。
[②] 《钦定四库全书总目提要》（整理本），中华书局1997年版，第2463页。

启蒙思潮相比,明清之际的启蒙思想则把斗争矛头直接转向了对现实政治制度、经济制度的反思和批判。黄宗羲在其著名著作《明夷待访录》一书中提出了一系列与社会现实相关的重大理论和现实问题,如揭露封建专制与提倡民主权利;限制封建特权与保护工商利益;要求法律平等和赋税改革等。黄宗羲淋漓尽致地揭露封建君主"屠毒天下之肝脑","敲剥天下之骨髓,离散天下之子女,以奉我一人之淫乐"的惨烈画面,大胆地提出了"天下之大害者,君而已矣"。① 明确主张"天子之所是未必是,天子之所非未必非"②。公然对天子的权威提出挑战。黄宗羲的这部著作,无论在当时和后来,对中国思想界所起的作用十分巨大,被誉为"近代社会的宣言书"。

顾炎武在提出以经学取代理学的同时,始终关注"国家治乱之原,生民根本大计"。对那些不关乎"六经之旨,当世之务者",要"一切不为"(《亭林文集》卷2)。他认为,君主专权,危害极大,为了唤起社会民众对国家前途命运的关切,顾炎武还喊出了一句千古名言:"天下兴亡,匹夫有责。"唐甄在其精心之作《潜书》中,对君主专制制度也提出了尖锐的批判。他说:"天子之尊,非天帝大神也,皆人也。"(《潜书·抑尊》)他认为君主虽形有"君主"之名,实乃"一匹夫耳"(《潜书·明鉴》)。自古及今之帝王,皆独夫民贼而已,"自秦以来,凡为帝王者,皆贼也"(《潜书·室语》)。唐甄这样论证说:"杀一人而取其匹布斗粟,犹谓之贼,杀天下之人而尽有其布粟之富,而反不谓贼乎?"(《潜书·室语》)唐甄把封建君主的存在看作一切罪恶之源,虽不免偏颇,却非常大胆深刻。王夫之更是对封建君主专制制度进行了大胆的揭露和批判,指出"天下者,非一姓之私也"(《读通鉴论·晋》),"一姓之兴亡,私也;而生民之生死,公也"(《读通鉴论·敬帝》)。主张"不以一人疑天下,不以天下私一人"(《黄书宰制》)。

专制制度的基本特征之一就是把本阶级的利益、把封建君主的利益凌驾于一切之上,蔑视人的生存权利与价值,造成了社会的极端不平等。明清之际的思想家显然认识到了君主个人大权独揽对社会所造成的危害,认识到了专制体制所造成的社会弊端。在对封建君主进行猛烈抨击的同时,还对封建

---

① (明清)黄宗羲撰:《明夷待访录校释》,孙卫华校释,岳麓书社2010年版,第8—9页。
② (明清)黄宗羲撰:《明夷待访录校释》,孙卫华校释,岳麓书社2010年版,第28页。

君主专制制度进行了批判，并提出了一系列变革君主制、限制君主权力的主张。如黄宗羲从"设学校以公是非""置相""分治"的角度提出了变革君主制、限制君主权力的主张，他试图把"学校"作为判断是非的唯一机构，从而在社会中达成一种共识，即"天子之所是未必是，天子之所非未必非"。他主张置相以分割君权，并提出了恢复宰相制度的基本构想。他还认为，治理国家必须设置官吏，使其有职有权，不能由君主一人专断，因为官吏参与治国，"为天下，非为君也；为万民，非为一姓也""天下之治乱，不在一姓之兴亡，而在万民之忧乐""后世骄君自恣，不以天下万民为事"。① 黄宗羲的这些论断，把君王与万民联系起来考察，视君主与百姓为"共曳木之人"，已超越孟子"君贵民轻"思想，深含民主气息，为明清之际人文启蒙思潮的重要思想构成。所提出的问题和所进行的理性思考皆为有感而发，切中时弊，成为明清之际人文启蒙思潮的一个重要组成部分。

与经世实学思潮同时兴起的是人文启蒙思潮。明中叶出现的资本主义萌芽，至明清之际面临着一个绝好的发展契机，如果在不受外力的影响下，按照明清之际所出现的提倡经世致用、思想解放、个性自由的理路走下去，中国很有可能与西方社会一样，很快步入资本主义高速发展阶段。然而，历史不容假设，明清之际这种大规模的思想解放运动，随着清王朝一系列高压政策的实施，正常的社会发展速度受到外部阻力而迅速中断，思想文化界遭受了致命的打击，学风迅速转向，而转入了远离政治的考据一途。

[王杰，中共中央党校（国家行政学院）教授，中国实学研究会会长]

---

① （明清）黄宗羲撰：《明夷待访录校释》，孙卫华校释，岳麓书社2010年版，第12—13页。

·当代新实学构建·

关于新实学构建的一点设想

张　践

摘　要　广义实学经历了以"经世致用""崇实黜虚""实事求是"为代表性口号的阶段，同时也把这三个口号凝聚成代表实学本质的三大主题。与之相对应，实学分成实学倾向、实学思潮和实学精神三种状态。中国实学的特点是"去本体化""非学脉化"，以此思考未来实学的发展方向和建构方法，可以得出一点认识：新实学应当是儒学复兴运动的组成部分，新实学的构建应当继承古代实学家"躬行践履"的实践精神，除了关注实学理论的建设外，更应当注重儒学在当代社会实践中的应用。

关键词　新实学　发展方向　构建方法

构建新实学的呼声，早在20个世纪就由中日韩三国从事传统实学研究的学者提出。这也符合一般规律，研究思想史的学者，都希望自己研究的文化体系能够在现实的生活中发挥应有的作用。但是新实学是什么样子？应当如何建构新实学？现在仍然处于探索阶段。笔者跟随老师多年，也想在这方面谈一些自己粗浅的想法。

---

* 本文原刊于《中共宁波市委党校学报》2012年第1期。

一 传统实学的形成及其特点

研究新实学的建构，首先需要对作为一门历史思想流派的中国实学的性质和特点有深入的研究，才有可能对其发展的未来方向和形式，做出比较可行的设计。关于中国实学的基本性质，中国实学研究的开拓者葛荣晋先生有这样的定位："实学是一个具有多层涵义的概念。它既包括有元气实体哲学、道德实践之学，又有经世实学和实测实学，还有考据实学和启蒙实学等。其中经世实学是中国实学的主流和核心，其他层次的意义都是围绕这一核心而展开的，都是从不同的层面来说明经世实学的。"[①] 葛教授的定义十分明确，经世致用是实学的核心价值，其他各个时期、各种形式的实学流派，都是这一主题的表现。此定义高屋建瓴、精辟准确，一下抓住了问题的本质，为传统实学的研究和新实学的建构，指明了方向。

既然实学的核心是经世致用，实学作为一种中国特有的思想，其来龙去脉如何？笔者以为：中国历史上实学的概念使用十分广泛，未必仅限于宋元明清，不过发展水平在各个阶段各有不同，发展形式也各具特色。所以我们可以对历史上曾经广泛使用的实学概念做广义和狭义两种解读。狭义地讲，实学指宋元明清时期中国儒学发展过程中形成的一种思潮，这一点社会上大多数学者也是赞同的。但是笔者认为：作为一种思潮，一定有其源头，实学思潮作为儒学发展到宋元明清时期形成的一个流派，是儒学体系中原有的实学倾向的发挥，没有这些思想资源，实学思潮也无从谈起。同样，一个曾经在历史上产生过如此大作用的思潮流派，在它的身后也一定留下了深刻的足迹，如果实学已经随着中国传统社会的消失而湮没，那么我们今天探索新实学的构建也就没有多大意义了。传统文化之所以被称为"传统"，一定是有某些东西传了下来才成为思想史研究的对象，不然也就变成化石，成为考古学研究的对象了。所以个人认为对实学还可以做广义的解读，把实学划分为三个阶段，即儒家创始人孔孟思想中的实学倾向，宋元明清时期儒学形成实学

---

① 葛荣晋：《中国实学思想史》上卷，首都师范大学出版社1994年版，第10页。

思潮,当代社会中国文化中包含的实学精神。如此研究,才会给我们今天研究新实学提供一种更为开阔的思路。从广义的实学角度,关于实学的形成过程和特点,我们可以形成一些看法。

(一) 三个阶段演变成三大主题

如果说明清实学是儒学发展的一个阶段,那么显然实学思想萌芽深深植根于孔孟开创的儒家思想体系中。春秋末年孔子创立儒家学说的时候就有明确的"经世"意识。他说:"诵《诗》三百,授之以政,不达;使于四方,不能专对;虽多,亦奚以为。"(《论语·子路》)他谈的虽然是《诗经》,但也可泛指一切文化知识。学了知识而不能应用,再多也等于零。为了获得真知实学,孔子提倡:"知之为知之,不知为不知,是知也。"(《论语·为政》)学习要有一种实事求是的态度,认真研究客观事物的规律,不能不懂装懂。儒家的亚圣孟子也说:"言无实,不祥。不祥之实,蔽贤者当之。"(《孟子·离娄下》)对于君臣而言,没有实质内容的空谈,是一种不祥之言,只能是误人、误国。当时很多人都在讲"以礼治国",孟子指出:"恭敬而无实,君子不可虚拘。"(《孟子·尽心上》)礼的根本在于一种实实在在的真诚行为,而不是徒有其表,用虚情假意的仪式作秀。最后孟子认为:"充实之谓美,充实而有光辉之谓大,大而化之之谓圣。"(《孟子·尽心下》)胸有真才实学谓之美,生活充实而光辉谓之大,而把这种实知、实行推而广之,用于民众的教化就是圣人。圣人是儒家的最高人格境界,显然这种境界是和实知、实行联系在一起的。可以说,在先秦儒学初创时期,"经世致用"就成为儒学的一种基本特征。当代学者李泽厚说:"这特性是一种我称之为'实践理论'或'实用理性'的倾向或态度。它构成儒学甚至中国整个文化心理的一个重要的民族特征。"[①] 李先生所谓的"实践理论"或"实用理性",就是我们所说的"实学倾向"。

儒学经世致用的基本价值在以后的传承中不断得到阐述和发扬,并在宋元明清时期得到了一次特别的激发,终于形成了一个具有代表性的思潮——明清实学。对儒家中的实学倾向造成这种刺激的,是当时佛教和道教的高度

---

① 李泽厚:《中国古代思想史论》,天津社会科学院出版社2003年版,第23页。

发展。佛教讲"空",道教讲"无",这两种宗教的一个共同特点是对现实的社会生活价值做了否定的判断,从而把人的精神生活引向超验的彼岸世界。一个社会有一些超验的宗教对于满足人民的精神需求是必要的,但是如果这种宗教思想成为社会文化的主流,就会对整个社会的发展造成极大的阻碍。儒家学者从魏晋南北朝开始就在不断地批判佛老的"空""无",最终在宋明时期汇成了一股提倡"崇实黜虚"的强大思想潮流。可以说"崇实黜虚"的思想是当时儒家所有学派的共同主题,只不过各个学派强调了儒学实知、实行的不同方面。元气本体论的大师张载当然是实学思想的大家,他说:"凡可状,皆有也;凡有,皆象也;凡象,皆气也。"(《正蒙·乾称》)气是世界的本原,一切客观存在都是气的聚散变化形成的。"太虚者,气之体。"(《正蒙·乾称》)太虚不过是气尚未成型的弥漫、细微状态,但并不能改变它本身实实在在的存在,"太虚无动摇,故为至实"(《语录》)。张载的实学可以称为元气实学。明代思想家王廷相认为:"文事武备兼而有之,斯儒者之实学也"(《王氏家藏集》卷30),这是一种事功实学。程朱理学的大家,同样重视"崇实黜虚"。二程批判佛老说:"释氏无实","今之学禅者,平居高谈性命之际,至于世事,往往直有都不晓得者"。(《二程遗书》卷13)而儒家的学说"忠信者以人言之,要之则实理也"(《二程遗书》卷11)。二程在黜佛老之空虚、倡儒学之实理方面,作出了自己的贡献。朱熹进一步将宋儒的"格物穷理"与汉儒的"实事求是"结合起来,指出:"学者工夫只求一个是。天下之理,不过是与非两端而已。从其是则为善,徇其非则为恶。……圣人教人,谆谆不已,只是发明此理。"(《朱子语类》卷13)就是在宋明理学中被视为最玄虚的陆王心学,其实也是反对佛老"虚学"的,如王阳明说:"致良知便是必有事的工夫,此理非惟不可离实,亦不得而离也。"(《王门宗旨》卷1)在反对佛教离开人事伦常而谈修养方面,宋明理学的道德实学是有积极意义的。程朱陆王等理学的主流学者所提倡的,是在道德实践方面的"实知""实行",从儒家的传统语境讲,都属于"经世致用"的范畴,可以称之为道德实学。元气实学、事功实学、道德实学,虽然对"经世致用"的内容强调各有侧重点,但都反对佛老的空虚。佛老可以说是这一时期儒家各学派共同的思想批判对象,它促使儒家内部形成了共同的学术思潮,"崇实黜虚"成为这一时代的主题,把实学思潮的发展推行了最高峰。

传统社会结束后，中国经典教育被中断了，但是中国的传统思想却依然流传，其中也包括中国实学。近代以来的实学不仅指王仁俊、章炳麟创办的《实学报》，更主要的是表现在那些立志救国救民的先进人物身上。当代中国传统文化的所有概念中，产生最大影响的莫过于"实事求是"四个字，这当然也是对中国实学的继承与发扬。受明清实学重镇湖湘学派的影响，毛泽东同志的早年笔记中，大量记载着这些人物的实学思想对他的影响。如"涤生日记，言士要转移世风，当重两义：曰厚曰实。厚者勿忌人；实则不说大话，不好虚名，不行架空之事，不谈过高之理。"① "诗则须包三者而有之。虚渺、古事、实理，随其时地而著之可也。"② "宋、元二代人尚实学，明代人才辈出，而学问远不如古。"③ 这种注重实理、实行，反对空谈玄虚的实学精神，成为毛泽东同志后来接受马克思主义的文化土壤。毛泽东同志对马克思主义的主要贡献在于将马克思主义中国化，他对那些拿着马克思主义"本本"的教条主义者深恶痛绝。他指出："现在在我们党内还是教条主义更为危险。因为教条主义容易装出马克思主义的面孔，吓唬工农干部。"④ 那么如何将马克思主义辩证唯物主义和历史唯物主义的复杂原理，用一种通俗易懂的中国化语言加以表达呢？他从中国实学的思想库中找到了"实事求是"四个大字。他说："'实事'就是客观存在着的一切事物，'是'就是客观事物的内部联系，即规律性，'求'就是我们去研究。"⑤ 显然，毛泽东同志是在用中国传统实学的文化资源，深入浅出地解释马克思主义的辩证唯物主义原理。他不仅如此提倡，而且本人也身体力行进行调查研究，发现中国社会的性质，寻找中国革命的规律。20世纪70年代末，在邓小平同志的指引和推动下，中国的思想界进行了一场意义深远的关于真理标准的大讨论。通过这场大讨论，使各级领导及理论工作者认识到，只有实践才是检验真理的唯一标准。即使再伟大的思想，也要经受实践的考验，当实践证明其错误的时候，就必须进行修正。在1978年12月中央工作会议上，邓小平同志高度评价了这场讨论

---

① 《毛泽东早期文稿》，湖南人民出版社2008年版，第525页。
② 《毛泽东早期文稿》，湖南人民出版社2008年版，第526页。
③ 《毛泽东早期文稿》，湖南人民出版社2008年版，第539页。
④ 《毛泽东选集》第3卷，人民出版社1991年版，第819页。
⑤ 《毛泽东选集》第3卷，人民出版社1991年版，第801页。

的意义，他说："只有解放思想，坚持实事求是，一切从实际出发，理论联系实际，我们的社会主义现代化建设才能顺利进行。"① 邓小平同志在这次会议上的讲话，确定了党的十一届三中全会的基调，标志着中国又回到了现代化的道路上来。"实事求是"四个光辉的大字，成为时代振聋发聩的口号，成为中国化马克思主义的标志。

通过上述对实学发展三个重要阶段的简单回顾，可以说广义实学经历了以"经世致用""崇实黜虚""实事求是"为代表性口号的阶段，同时也把这三个口号凝聚成代表实学本质的三大主题。如果与儒学发展的其他阶段相比，中国实学表现出两大特色。

（二）去本体化是中国实学的特征

一种学说应当有"体"有"用"，而且要"体用一如"，这似乎成了我们研究各种学派的一种共识，特别是"哲学基本问题"的强势教育更把这种共识变成了思维定势。长期以来我们也是用这种方法研究中国实学的，但是恰恰是这种思维定势，却造成了中国实学研究的尴尬。的确，有些学说是符合这种思维定势的，如张载的"气学"、程朱的"理学"、陆王的"心学"，但是这种"体用一如"的哲学研究方法并非唯一真理，不然功能主义、结构主义、诠释学、现象学等哲学流派就完全不可能存在了。实学显然就属于不能使用这种方法研究的学说，因为张载的实学思想、程朱的实学思想、陆王的实学思想显然不是出于同一种本体。因此笔者试图摆脱这种"体用一如"的思想方式，从结构、功能的角度理解中国实学的特征，这样也许我们会有一些新的发现。

从儒家创始人孔子开始，儒家学说就明显表现出"去本体化"的特征。孔子的时代中国哲学的主题是"究天人之际"，似乎每一个学派都必须就"天"这个本质做出明确的回答。然而孔子除了一般性地肯定"天道""天命"外，对于"天"究竟是神还是自然，始终不给予回答。孔子既说过"畏天命"（《论语·季氏》），"死生有命，富贵在天"（《论语·颜渊》），又说过"天何言哉，四时行焉，百物生焉，天何言哉？"（《论语·阳货》）除了天人

---

① 《邓小平文选》第2卷，人民出版社1994年版，第143页。

关系问题，当时还有一个"人神关系"问题，对于人死后是否有灵魂存在，孔子更给予了不置可否的回答。"季路问事鬼神。子曰：'未能事人，焉能事鬼？'曰：'敢问死。'曰：'未知生，焉知死？'"（《论语·先进》）在当时巫鬼势力仍然十分强大的时候，尽管孔子本人对鬼神的存在是存疑的，但是为了保证礼乐制度的权威性，为了使儒家大力提倡的孝道伦理得以贯彻执行，孔子采取了一种高明的立场，也许可以称之为古代的功能主义，即"六合之外，圣人存而不论"（《庄子·齐物论》）。所以如果一定用"体用"的观念去分析孔子，把他放到"唯物主义"或"唯心主义"都是不合适的。

在中国实学作为一种思潮发展的高峰时期——宋元明清，实际上我们能够抽象出来的"实学流派"，也是"去本体化"的。张载以气为本体，程朱以理为本，陆王以心为主，形成了宋明理学气学、理学、心学三大流派。可是实学以什么为本体呢？张载有实学思想，他是以气为本的；程朱有实学思想，他们是以理为本的；陆王有实学思想，他们是以心为本的。如果我们要为实学找一个共同的本原，那实学恐怕就不存在了。当代学者一度受"哲学基本问题"思维定势的干扰，认为明清实学以气为本，那显然会把程朱陆王很多精彩的实学思想都摒弃在自己的视野之外。

在一定意义上讲，毛泽东同志把马克思主义的唯物主义中国化为"实事求是"的时候，也可以算是一种"去本体化"。为了论证辩证唯物主义学说，恩格斯、列宁留下了大量极其复杂、思辨的著作。在中国革命战争时期，大批工农出身的干部没有时间学习。就是到了社会建设时期，尽管党的宣传部门用了大量时间组织干部学习，但是到底有多少人学懂了《反杜林论》或《唯物主义和经验批判主义》呢？以至于到了邓小平时代，"实事求是"理论给广大人民群众最深刻的印象是"不管白猫、黑猫，只要捉住老鼠就是好猫"这样通俗的比喻。至于世界的本原究竟是物质的还是精神的，似乎已经变得无足轻重了。

（三）非学脉化是实学文化的特色

从《庄子·天下》开始中国思想史研究，到黄宗羲编纂《宋元学案》《明儒学案》，研究思想史的学者都非常重视对学脉的研究。两汉经学"师承""专门"的学术传统，使得中国学人都非常重视自己学问的传承，对于不入师门的"野狐禅"向来被大家嗤之以鼻。这种思维定势对于实体派学术的研究是合适的，但是对于功能派学术的研究则是不合适的。近年中国实学研究碰到一个大麻烦就是梳理历史上实学家的发展脉络。不但周敦颐、张载、程颢、程颐、朱熹无法从濂洛关闽等学派中划出来，就是明清以后的很多思想家，想把他们从程朱学派、陆王学派中划分出来也是困难的。因为当时的社会人人谈实学，包括一些和尚、道士和传教士，可是他们自己并没有想到要以实学建立宗派。如果我们后人硬要用某种思想的一致性为古人划派，就可能使我们陷入自己挖掘的思想陷阱中，不仅无法说服当代学者，而且也可能扭曲了古人。

反之我们转换思路，从功能主义的角度看待中国儒学中自古已存的实学文化，那么实学文化就是在不同历史时期，为了解决不同的思想任务而形成的儒学发展状态，无论从广义还是狭义，都更容易建构实学的思想体系。从广义的角度讲，笔者认为中国实学经历了孔孟初创时期、宋元明清高峰时期、近代以后延续时期三个阶段，形成了经世致用、崇实黜虚、实事求是三大思想主题。与之相对应，我们把实学分成实学倾向、实学思潮和实学精神三种状态。总而论之，我们可以把中国古代儒学中的所有实学思想观念，统称为实学文化，完全可以成为思想史的研究对象。

二　未来新实学建构的设想

从中国实学"去本体化"和"非学脉化"的历史特点思考未来实学的发展方向和建构方法，我们是否可以至少得到两点认识。

（一）新实学应当是儒学复兴运动的组成部分

当代新实学的发展，离不开整个社会大的文化环境，自然也离不开儒学的复兴运动。如同不能把古代的实学从儒学体系中分离出来一样，今日的新实学研究、建构，也应当是儒学复兴运动的一个组成部分。不过今日中国已经深层次加入了全球化进程，许多学科分野已经是国际性的了，完全回到传统分类几无可能。故传统实学中实测实学、考据实学、经世实学中很多内容已经分科到了自然科学、社会科学中并获得了重大的发展，重新回到实学的范畴内不大可行。但是实学内部所包含的一些思想方法的内容，作为传统儒学的一个部分，仍然会影响着自然科学、社会科学的发展。就目前笔者掌握的情况看，至少以下一些领域，可以成为新实学的用武之地。

第一是思想史领域中对传统实学的研究进一步深入。从中国实学研究会的活动看，中国实学的研究从明清进入中国，从中国走向日韩，从哲学史走向哲学。研究方法不断创新，研究对象不断扩大，研究成果水平不断提高，国际学术交流层次不断提升……在可以预见的未来，对于历史上存在的实学思潮的研究，仍然可能是新实学建构的基础。

第二是对中国管理学领域的开辟。中国实学的核心内容就是经世致用，"利用""厚生"的主要方面则无疑是生产领域中的经营活动。明清时期很多实学家对商业活动的合法性，对商业经营的方法进行过深入研究，这应当看成中国资本主义萌芽的表征。现代社会的本质是市场经济社会，在市场中应当如何进行企业管理、营销管理、人力资源管理？西方国家这方面有一套成熟的经验需要我们学习，但是西方国家的经验是建立在基督教文明的背景下的，离开了这一大背景，在中国简单照搬就显得不大灵光了。所以葛荣晋教授近年花大力气对中国管理哲学进行研究，已有多部著作面世，在很多企业讲学，成绩斐然。这应当视为中国实学在应用化方向上的一种尝试。中国传统哲学不能全部停留在身心性命之间，还应当有更多的精力关注国计民生。

第三是儒学普及工作的展开。中国实学非本体化，并不是非道德化。无论是以气为本体的实学家，还是以理为本体、心为本体的实学家，无不把"实心实行""躬行践履"当作实学的要务。当代中国道德领域的严重滑坡，关键因素在于道德体系的瓦解、道德资源的枯竭。继承、传播、弘扬中国古代优秀的道德文化遗产，应当是新实学重构的一个组成部分。应当研究儒学普及工作中的方法问题，使之在注重道德实践的正轨上发展。当代中国很多学校在逐渐恢复传统文化教育，使得青少年道德教育工作出现了新的局面，这应当视为"道德实学"的一种创新。

中国古代的实学不仅仅是一种思辨的哲学思潮，更是一场影响巨大的社会运动。正是在这样一场有众多儒家学者参与的社会运动中，才逐渐形成了实学的思想范畴。当代的新实学，也应当在儒学复兴运动中建构自己的理论体系，而不应仅仅在教授的书斋中。

（二）新实学体系建构的方向与方法

传统实学作为儒学中的一种哲学思想、一种学术倾向，是对同样存在于儒学内部的那种玄学化倾向的抑制。客观地说，这两种倾向都是需要的，但是不能一端独大，压倒了另一端。历史上实学思潮盛行的时期，往往是玄学化倾向过头的时期。当代新儒学的重构，其内部同样存在这样两种倾向。就中国哲学史、思想史的主流看，留洋教授主导的中国哲学研究，自然难免玄学化的倾向。从胡适出版第一本《中国哲学史大纲》开始，就都是用西方哲学来重构中国哲学体系。冯友兰的新理学、贺麟的新心学、熊十力的新唯识论……几代新儒家的著作越出越多，内容越来越深奥。可以说这种玄学化的研究方法，在当代新儒家的手中走到了极致，牟宗三、唐君毅、徐复观、余英时……他们已经把几乎西方所有哲学流派的观点，都搬到了中国思想史的舞台上，重新解构了中国古代的思想家。

客观地说，儒学玄学化的努力是有价值的。儒学是一种世俗化的哲学，如果不能从哲学上对其进行最深刻的证明，其存在合法就会失去依据。但是事情还有另外一面，即这种玄学化的工作只能在大学校园里由少数教授们完成。笔者亲自听到一位中国台湾新儒学传人在大陆演讲，一名博士研究生提问说："为什么圣贤经典没有经过你们注释亲切自然，经过你们注释反而让我看不懂了？"这充分说明新儒学的复兴，仅仅靠玄学化的方向还是不够的，甚至在某种意义上说，需要实学化的努力对其加以制衡。不然，儒学就永远停留在教授们的书斋中，很难在社会上发挥实际的效用，这一点已经引起了中国台湾同行们的反思。

从某种意义上说，新实学的构建应当继承古代实学家"躬行践履"的实践精神，除了关注实学理论的建设外，更应当注重儒学在当代社会实践中的应用。为此笔者就新实学的构建提出一些方向和方法问题就正于同行。

第一，关注国计民生。当代生产力正在强大的科学技术力量的推动下，以前所未有的速度和力度发展，但是科技发展恰恰丧失了"科技以人为本"的价值维度。结果是科技与生产的发展，一方面极大提高了人们的生活质量，但是另一方面却为人类的可持续发展，甚至是可持续生存埋下了隐患。

从经世致用的核心理念出发，新实学应当关注人与自然、人与社会、人与自身的欲望等迫近的问题，为科学技术和生产力的发展安装价值理性的导航仪。

第二，重建国民道德。当代社会的道德瓦解，是当代社会必须立即解决的急迫问题。现代社会在一些领域还存在着官员贪腐、商人无良、学者造假、民情汹汹……尽管当代中国在经济建设上取得了一定的成绩，但是是以环境透支、资源枯竭、社会分化、价值紊乱的代价取得的。如何在中国文化的基础上重建新道德体系，是新实学应当关注的重大社会问题。

第三，凝练哲学范畴。一门新学科的建设，首先要形成自己独特的理论观念。传统实学留下的一些具有深刻哲学价值的重要观念，如"经世致用""崇实黜虚""实事求是"等，我们要继承并且加以发扬。但是仅此还不足以构建新实学，如果仅仅有这些，那么我们还只是"照着讲"，还只是思想史的组成部分，而不是新实学。新思想一定要有新概念、新范畴，并将其组合成一个有机的体系。例如日本东亚实学研究会的小川晴久先生提出的"实心实学"，尽管有韩国洪大容的前缘，但是经小川先生继承发挥，注入了许多现代化的解释，就可以成为新实学的新范畴。中国实学研究会的葛荣晋先生提出的"实体达用"，也明显具有概念创新的性质。不过这些范畴是否合理，是否适合中国当代社会的国情，是否可以得到同行学者的认同，还需要实践（时间）的检验。

第四，探索研究方法。构建新实学的步伐多年来之所以进展不大，笔者认为关键还是方法论方面的研究进展有限。如上文所指出，长期以来我们一直以"体用一如"的观念研究中国实学这种明显具有功能性的学派，就会表现出众多的困难。因此我们需要引进、创造新的方法。不然即使出现了很多新概念、新范畴，仍然不能形成新的体系，还不能叫作新实学。

第五，建设强大队伍。孔子说："人能弘道，非道弘人。"（《论语·卫灵公》）一门学科的发展壮大，关键在于得人才。中国实学研究会的创建是由葛荣晋等一批老一辈学者的开拓建设，但是如何把这一事业做大做强，这需要一大批学界的后起之秀。任何学科的发展都有一定的规律性，人才的创新都是在充分学习了世界上各种新进的方法，都是在年富力强的时期。从某种意义上说，得人才者得天下。

中国近现代哲学史上，已经出现了新理学、新心学、新唯识论、新气学等创新性的学派，分别重新诠释了中国古代思想史上的不同哲学流派，用以解决中国社会发展中的问题。作为中国儒学主要流派的实学，难道不需要创造更新吗？

（张践，中国人民大学教授，中国实学研究会原会长）

当代实学体系建构

涂可国

摘　要　要使实学具有旺盛的生命力和广泛的影响力，就必须建构当代实学新体系；而要构建令人信服的当代实学新体系，就必须致力于创建具有实学自身特质的学科体系、学术体系和话语体系。化解实学作为一门独立的学科的合法性危机，必须超越传统实学家关于"实学"概念的限囿，而对实学的内涵和对象做出新的界定和规定，把实学规定为关于"实"的本质、内涵、特点、结构、类别、形态、地位、作用、价值、意义、规范、活动、工夫等的理论形态。建构当代实学新体系，应当致力于吸收借鉴传统实学思想、吸收借鉴马克思主义实学思想、吸收借鉴西方学术界与实学相关的思想、吸收借鉴实际生活的营养与素材。建构当代实学话语体系，一要注重实学内容和方法的创新，二要促进实学对外交流传播，三要打造当代实学的标识性品牌，四要推动中国实学的创造性转化和创新性发展。

关键词　实学　学科体系　学术体系　话语体系

为了推进传统实学的创造性转化与创新性发展，自从 20 世纪 90 年代以来国内外就有许多有识之士提出了新实学的构想。① 2016 年,中国实学研究会在山东曲阜举行换届大会,会上提出了构建当代新实学的战略发展方向。2019 年 12 月 21—23 日,在第十五届东亚实学国际论坛上,王杰进一步提出了中日韩三国共同构建东亚新实学体系的美好愿景,强调构建东亚新实学体系应成为东亚实学界的基本共识、核心任务和学术发展方向;东亚新实学体系是立足东亚命运共同体这一区域整体的实学研究新探索与新发展,将为东亚命运共同体乃至人类命运共同体的繁荣发展贡献实学力量。遗憾的是,迄今为止,关于新实学的构想尚没有令人特别满意的理想方案。

习近平总书记强调,新时代繁荣发展哲学社会科学"要按照立足中国、借鉴国外,挖掘历史、把握当代,关怀人类、面向未来的思路,着力构建中国特色哲学社会科学,在指导思想、学科体系、学术体系、话语体系等方面充分体现中国特色、中国风格、中国气派"②。依据这一精神,我认为,要使实学具有旺盛的生命力和广泛的影响力,就必须建构当代实学新体系(也就是新实学);而要构建令人信服的当代实学新体系,就必须致力于创建具有实学自身特质的三大体系,即实学的学科体系、学术体系和话语体系。

一 建构实学学科体系

一直以来,作为一门独立的学科,实学的合法性面临极大的危机,实学的客观性、确定性受到许多人的质疑。葛荣晋、王杰等人认为,实学是一种以"实体达用"为宗旨、以"经世致用"为主要内容的思想潮流和学说。这一实学的本质规定性,深刻体现了"实体达用""经世致用"等实学思想的精髓。然而,在我看来,建构具有较强合法性、客观性、确定性、学理性的当代实学新体系,就要努力拓展学科视野、扩充学术容量、增加学术覆盖面。

---

① 参见[韩]尹丝淳、姜春华《新实学的展望》,《孔子研究》1993 年第 4 期;周树智《建设当代中国的新实学——论马克思主义哲学中国化》,《理论学刊》2004 年第 8 期;周树智《论新实学的务实为乐价值观》,《西北大学学报》(哲学社会科学版)2005 年第 2 期;[韩]尹丝淳《儒学伦理思想对新实学变换的构想》,《实学文化丛书——传统实学与现代新实学文化(一)》2017 年版。
② 《习近平在哲学社会科学工作座谈会上的讲话》,《人民日报》2016 年 5 月 19 日第 2 版。

为此，首先的工作就是必须超越传统实学家关于"实学"概念的限囿，而对实学的内涵和对象做出新的界定、新的规定、新的调整。

"大道至简"，所谓当代实学抑或是新实学，简而言之，就是关于"实"的学问、学说、学术和学科，具体地说就是关于"实"的本质、内涵、特点、结构、类别、形态、地位、作用、价值、意义、规范、活动和工夫等的理论形态。就对象性内容而言，实学理应是指研究实有、实在、实体、实性、实事、实情、实际、实务、实业、实德、实理、实心、实知、实言、实意、实行、实习、实践、实干、实用、实效、实功、实利、实成、实修和实学（狭义的）等各种"实"的形态的学问、学术与学科。

建构现代新实学，必须厘清它与传统实学的关系。早在汉代，"实学"概念即已由王充在《论衡·非韩》中创始："韩子非儒，谓之无益有损，盖谓俗儒无行操，措不重礼，以儒名而俗行，以实学而伪说，贪官尊荣，故不足贵。"[①] 宋元明清思想家较为广泛使用"实学"概念，不过，他们大致从三方面来理解和运用"实学"范畴：一则是从对象性角度注重对实体、实理、实心、实行等的诠释与反思；二则是从为学的价值观维度自我标榜自己的学问为务实的学问，或者说是追求实际（求实）、讲究经世致用的学问，以此反对佛老思想的虚无特质；三则是研究区别于心性之学的，以"六艺""六府""三事"和"三物"为主要内容的实证科学，譬如所谓的质测之学。中国真正自觉地把"实学"当作一个相对独立的理论形态加以研究，则由20世纪40年代的中国学人嵇文甫开其端，而比较系统的实学研究则是始自20世纪80年代。遗憾的是，在此之前，国内似乎把实学主要归于朝鲜17世纪至19世纪的思潮。

葛荣晋的《中国实学思想史》（三卷本）[②]、《中国实学文化导论》[③]，赵吉惠、郭厚安、赵馥洁、潘策主编的《中国儒学史》[④]，冯天瑜、黄长义的

---

① 黄晖撰：《论衡校释》，中华书局2017年版，第504—505页。
② 参见葛荣晋《中国实学思想史》，首都师范大学出版社1994年版。
③ 参见葛荣晋《中国实学思想史》，中共中央党校出版社2003年版。
④ 参见赵吉惠、郭厚安、赵馥洁、潘策主编《中国儒学史》，中州古籍出版社1991年版。

《晚清经世实学》①，张岂之的《儒学·理学·实学·新学》②，苗润田主编的《儒学与实学》③等一系列著作对实学的概念、内涵、特质、历史、演变、流派等问题均做过深入的探讨。罗炽认为，在程朱理学和陆王心学之外还客观存在着一个以张载、王廷相、王夫之、戴震等人为代表的实学派别，宋元明清实学本应是理学、心学与实学的三足鼎立的格局。④张岱年在中国实学研究会成立十周年的贺词中指出，历史上的实学有广义、狭义之分，程朱学派虽然强调理性，但真下功夫，可以称为实学，这种真下功夫的身心修养，就是广义的实学；狭义的实学就是气一元论，即唯物论，如张载、颜李学派。赵吉惠认为，广义实学概念泛指自先秦以来一切追求实际并重在应用（包括科学技术）的学问，狭义实学则是中国传统儒学发展演变的特殊文化形态，特指北宋至清末以坚持发扬儒家"经世致用"传统，既反对佛道"空""无"，又以反对空疏玄理无用为己任而逐渐形成的文化思潮。⑤笔者曾经指出，立足于历史维度，不妨将实学分为广义、中义和狭义三个层面，广义的实学可以由明清思想上溯到先秦原始儒学，中义的实学应定位于从汉代思想或宋代思想开始直到明清的求实思潮，狭义的实学指明清时期特定的抑虚崇实思潮。⑥

正是通过纵横交错的研究，葛荣晋把实学规定为"实体达用"之学，而且他反对将"实学"泛化。在我看来，虽然二程、朱熹、罗钦顺、陆九渊、吕祖谦、王阳明、王廷相、顾炎武、颜元等宋明思想家主要在实体、实行和经世三种层面上使用"实学"范畴，但是，立足于当代实学的创造性、创新性发展，如果把"实学"限定在实学倾向、实学思潮、实学精神层面，如果仅仅把实学说成"实体之学"，不但无法涵盖历史上的各种实学思潮、流派的相关思想，显得过于狭隘，而且不利于实学学术空间的拓展。殊不知，"实体"不过是"实"的一种形态——虽然属于本体形态，实则"实"的内涵与

---

① 参见冯天瑜、黄长义《晚清经世实学》，上海社会科学院出版社2002年版。
② 参见张岂之《儒学·理学·实学·新学》，陕西人民出版社1991年版。
③ 参见苗润田主编《儒学与实学》，中华书局2003年版。
④ 参见罗炽《论中国实学范畴内涵的历史演变》，《湖北大学学报》（哲学社会科学版）1996年第4期。
⑤ 参见葛荣晋、赵馥洁、赵吉惠主编《张载关学与实学》，西安地图出版社2000年版。
⑥ 参见涂可国《儒学与人的发展》，齐鲁书社2011年版，第463—467页。

外延极为广泛，除了包含"实体"，它还包括实有、实在、实性、实情、实际、实事、实务、实业、实德、实理、实心、实意、实知、实言，等等。就实用理性层面而言，实学不光涉及"达用"，还指向实行、实习、实践、实干、实用、实效、实功、实利、实成、实修等，不论是"达用"，抑或是"经世致用"，都可以用"实用"一词加以概括，而"实用"不足以概括实行、实习、实践、实干、实效、实功、实利、实成、实修等丰富内容。这里需要说明的是，颜元曾经把"实学"理解为"实习、实讲、实行、实用之学"，只是他是出于事功的考虑从学者的行动价值取向角度说的（追求经世致用），而不是出于理论建构指向关于研究或探讨关于实习、实讲、实行、实用问题的学问、学术。

建构现代新实学，还必须正确理解和定位实学与儒学之间的关系。迄今为止，学术界关于实学与儒学之间关系的观点归纳起来大体存在三类：一是认为实学即儒学，是儒学的特定历史形态；二是认为实学同儒学彼此交叉，可谓同中有异、异中有同；三是认为儒学同实学完全异在，截然不同。笔者曾表示赞同第一种看法，现在看来应当加以修改而认同第二种观点。理由是：实学虽然绝大多数包含在儒学体系之中，但是也有许多非儒家阐释了实学思想，因而实学与儒学彼此相互交叉，不能完全把实学归结为儒学。

从传统角度定位，实学应该划归到国学领域。不过，既然实学可以分为传统实学与现代实学两大形态，那么它就不能完全从属于国学。鉴于实学涉及实体、实在、实性、实情、实际、实事、实务、实业、实德、实理、实心、实意、实知、实言、实证、实验、实行、实习、实践、实干、实用、实效、实功、实利、实成、实修等极为广泛的议题，它们渗透到自然和社会的各个领域，因此可以说实学属于交叉学科。从形态学来说，当代实学学科体系的建立完善，应当创设层次多样、结构合理的子学科体系，使它既包括宇宙实学、实体实学、心性实学（含实心实学）、道德实学、经学实学，包括历史实学、经世实学和实测实学，也包括考据实学、实证实学和启蒙实学等，其中经世实学可视为实学的主流和核心。

二 建构实学学术体系

学术是指系统化、专门化的学问,是对世界存在物及其规律的学科化论证。当今社会,学术内容越来越细化、分化,学术领域在不断专门化的同时越来越有针对性、具体性。要彻底改变人们过去把实学仅仅理解为一种思潮、一种学风、一种学术志向的状况,保持实学作为一门学科、一种学术的长久生命力与吸引力,就必须根据实学研究的对象和内容,将其学术体系视为由实体论、实在论、实性论、实事论、实情论、实际论、实务论、实业论、实德论、实理论、实心论、实意论、实言论、实行论、实习论、实践论、实干论、实证论、实验论、实用论、实效论、实功论、实利论、实成论、实修论等所组成的有机系统。

我认为,建构当代实学新体系,应当采用吸收借鉴传统实学思想、吸收借鉴马克思主义实学思想、吸收借鉴西方学术界与实学相关的思想、吸收借鉴实际生活的营养与素材四大进路。

(一) 吸收借鉴传统实学思想

毫无疑问,建构实学学术体系,一个重要路径就是"返本开新",深入挖掘和阐发中国以及日韩传统实学学术思想。一方面是吸收借鉴孔孟荀先秦儒家的正德、利用、厚生思想。注重继承他们致思对象"不离日用"、倾注于现实的人事和政事、学术旨趣重心放在安邦兴国、救世济民等世俗事务上,从而呈现实用理性较为发达、入世精神较为明显等实学理念与思想倾向。另一方面吸收借鉴宋元明清时期的实学思想。注重从程朱理学、陆王心学等的道学,王安石的"新学",张载的"关学""气学"和陈亮、叶适的"功利之学"等思想家的思想学术中汲取营养,尤其要致力于阐释作为对宋明理学的修正、改造或反动,萌生于罗钦顺、王廷相等人的批判思潮,兴起于明清之际顾炎武、黄宗羲、方以智、王夫之等人的启蒙思潮,成熟于颜元、戴震等人的"实学"思潮,终结于张之洞、曾国藩等洋务派的"中体西用"思想体系。重点要传承借鉴作为对明末居敬主静、明心见性和"束书不观、游谈无根"的王学末流所带来的崇虚流弊进行理性反思和深层批判的唯实变革思潮，特别是其中的强调经世致用、反对空谈性理等思想理念。需要指出的是，鉴于传统实学既不系统，又不完善，建立当代实学体系，必须坚持2013年习近平总书记提出的关于中华优秀传统文化"创造性转化、创新性发展"的基本方针，按照时代特点和要求，对其至今仍有借鉴价值的内涵和陈旧的表现形式加以改造，赋予其新的时代内涵和现代表达形式；按照时代的新进步新进展，对其内涵加以补充、拓展和完善，增强其影响力和感召力。

（二）吸收借鉴马克思主义实学思想

无论是经典马克思主义，抑或是中国化马克思主义，都有许多与实学相通相契之处。且不说实践唯物主义与实学的内在统一性，就是本土化的中国化马克思主义也不无与实学精神、实学理念相一致的地方，它们不失为发展当代新实学值得充分吸收的宝贵源泉。在某种意义上说，中国共产党人是中国古代实学的真正继承者和弘扬者。众所周知，毛泽东同志在对"实事求是"做了独到诠释的基础上，把它确立为中国共产党的思想路线。新时期，中国共产党恢复了实事求是的思想路线，坚持一切从实际出发，在全社会大力倡导发扬求真务实精神、实干精神，注重吸收中国传统名实观中的"合理内核"，注重实效、实功，坚持正名求实、以实求名和先实后名，把社会主义之名同社会主义之实有机结合起来。正是根植于此，当代中国有的学者大胆致力于马克思主义与实学的会通、融合，有的人甚至提出了新实学是马克思主义哲学中国化、中国哲学马克思主义化、当代中国建设实践哲学化的产物等观点。[①] 在庆祝中国共产党成立一百周年大会上的讲话中，习近平总书记提出了"坚持把马克思主义基本原理同中国具体实际相结合、同中华优秀传统文化相结合"[②]的两大根本要求。根据这一指示精神，未来当代实学建构，应当

[①] 参见鲁子平《中国实学精神与马克思主义哲学——略谈邓小平哲学思想的民族特色》，《理论导刊》1994年第12期；周树智《从旧实学走向新实学——兼论毛泽东哲学思想的中国文化特色》，《延安大学学报》（社会科学版）2006年第4期；周树智《中国的新实学——论马克思主义哲学中国化》，《理论学刊》2004年第8期；葛荣晋《马克思主义与构建新实学》，《教学与研究》2010年第1期；杨华祥、张加明《论儒家实学对马克思主义中国化的贡献》，《理论月刊》2016年第4期；等等。

[②] 习近平：《在庆祝中国共产党成立一百周年大会上的讲话》（单行本），人民出版社2021年版，第13页。

努力寻求马克思主义与中国传统实学相结合的更多对接点和生长点。

（三）吸收借鉴西方学术界与实学相关的思想

无疑，现代实学要探究实证、实在、实用、实验等问题，而在西方，自近代以来就形成了实证主义、实在主义和实用主义等相关思想学说。实证主义是一种强调感觉经验、排斥形而上学传统，强调事实必须透过观察或感觉经验加以认识的西方哲学与社会学派别。它产生于19世纪三四十年代的法国和英国，由法国哲学家、社会学始祖孔德等所创立，1830年开始陆续出版的孔德的《实证哲学教程》可谓实证主义形成的标志。孔德、穆勒、斯宾塞等代表了西方实证主义的正统，他们创立的实证主义被称为老实证主义；19世纪中叶之后，先后形成了逻辑实证主义等所谓的新实证主义。实在主义有新旧之分，旧实在主义是指源于柏拉图的理念论而流行于中世纪的"实在"论，新实在主义是指20世纪反新黑格尔主义和贝克莱主观唯心主义的哲学思潮，其主要代表是罗素、培里、怀特海、蒙塔古、霍尔特等。新旧实在主义共同倡导三条基本原则：一是强调用感觉来解释事物，力主克服"自我中心的困境"；二是承认"共相"（一般概念）的存在；三是主张人们认识事物的方式是"直接认识"（而不是反映论），检验认识的标准是"多数人的常识"，并把数学和逻辑的演绎方法和分析方法当作唯一的科学方法。实用主义于19世纪70年代产生于美国，主要代表性人物是皮尔士、詹姆士、杜威等，它的根本纲领是把确定信念作为出发点，把采取行动当作主要手段，把获得实际效果当作最高目的；它关注行动是否能带来某种实际的效果或直接的效用、利益，认为有用即为真理、无用即为谬误。实用主义不仅影响了西方世界的道德文化，也渗透到其法律文化层面，它们的现代化法律运动朝着重视现实生活对法律实际需要的务实主义方向发展。尤其是西方大陆国家放弃一些程式化、概念化、法理化的模式，转而部分接受英美法中实用化的判例，构造法典时也要求更贴近社会现实。上述实证主义、实在主义和实用主义虽然与中国传统的实证思想、实在思想和实用思想存在某种差异，但是它们彼此之间不乏相同之点。为了丰富当代实学的内容，实现其与国际学术界接轨，就要加强其与西方实证主义、实在主义和实用主义的对话、沟通，从中吸收可资利用的滋养，做到取长补短。

（四）吸收借鉴实际生活的营养与素材

理论来源于现实，又高于现实，现实生活永远是理论发展的不竭源泉。创新是实学发展的永恒主题，也是建构当代实学体系的必然要求。作为与实际密切相关的实学，要体现原创性和主体性，更应该关注现实、反映现实、指导现实，以做到与时俱进。从古到今，中国人在日常行为取向上就注重现世利益诉求，既不像印度人那样热衷于追求出世的快乐，也不像西方人那样讲究为真理献身或是向往天堂的幸福；在道德选择上，中国人历来坚持义利兼顾，实际奉行合理功利主义；在社会主义市场经济条件下，推行互惠互利主义道德或合理功利主义道德，实现了从"实业救国"到"实业强国"的历史性转变；在火热的现实生活中，中国人从来注重实干、实用，彰显了鲜明的务实主义态度。如果学会感受时代、感受现实，从人们实际的日用常行中提炼素材、总结经验、概括理论，把理论与实践有机结合起来，借以提出实学新思想、新理念、新观点、新范畴、新方案，势必为新时代实学学术体系的创建提供有益的思想动力和精神营养，从而拓展实学思想的学术空间。

三 建构实学话语体系

如何建构当代实学话语体系呢？一要注重实学内容和方法的创新，二要促进实学对外交流传播，三要打造当代实学的标识性品牌，四要推动中国实学的创造性转化和创新性发展。

（一）注重实学内容和方法的创新

建立完善当代实学话语体系，在思想内容层面上，就要把实学研究的焦点集中于传统实学与当代实学思想义理的再挖掘、再诠释上，深度分析国内外实学家典籍中的重要实学思想对现代生活的价值塑造、文化建构与实践重建等所能展现的意义，尤其是要大力倡导经世实学，提升实学在世界话语体系中的地位与影响。在研究方法层面上，除了注目于传统实学文献考据、材料对比外，还应加上地域研究、社会研究、文化研究、实证研究等新方法、新视角，用新的视野看待和分析传统实学材料，使实学研究具有更多新发现、新观点、新形态。

（二）促进实学对外交流传播

实学不仅属于中国，也属于世界。它发源于中国，在日本、朝鲜实现了本土化发展，业已成为东亚文明的重要内容。实学的伦理情怀、人本色彩、治世理想，不仅在古代东亚世界中发挥着不可替代的政治、社会和文化作用，也将在未来世界文明交流互鉴和人类命运共同体构建中发挥重要作用。习近平总书记指出："文明因交流而多彩，文明因互鉴而丰富。文明交流互鉴，是推动人类文明进步和世界和平发展的重要动力。"① 出于此，未来要建构当代实学话语体系，就应致力于发扬它在促进东亚乃至世界文明的和平与发展中的重要作用，积极展开实学多层面、多样式、立体式的交流互鉴，使国际上更多的人了解实学、认同实学。要精心构建实学对外话语体系，增强其对外话语的创造力、感召力、公信力，加强实学与国内外主流媒体和新闻界的交流合作，运用新媒体普及传播实学知识。

特别是要进一步推动中日韩实学文化的交流合作，充分了解和把握彼此实学研究的最新动态，对三方传统实学概念进行再解读再梳理、对实学在现代生活中所扮演的角色进行再反思。必须明白，中日韩三国学者对实学当代发展的走向看法有异有同，如果说中方学者偏向通过新实学体系的建构将实学融入日常生活、韩方学者更偏向对传统实学的阐释，那么日本学者则在实学的理论研究与现实关怀之间保持一定的张力。当然，要提高实学在整个世界哲学社会科学中的话语权，除了要深化中日韩三国实学交流之外，还要从全球视域将实学交流扩展到世界各个地方，使其从"地方性知识"上升为"世界性知识"。

（三）打造当代实学的标识性品牌

加强实学话语体系建设，要在比较、对照、批判、吸收、升华的基础上接纳一切有益的实学理论观点和学术成果；要如同整个中国哲学社会科学话

---

① 习近平：《在联合国教科文组织总部的演讲》，《人民日报》2014年3月28日第1版。

语体系建设一样,"要善于提炼标识性概念,打造易于为国际社会所理解和接受的新概念、新范畴、新表述,引导国际学术界展开研究和讨论"①。既要体现实学发展的前沿、热点,又要围绕各国关注的重大现实问题,直面全球重大的议题,主动设置实体经济发展、实性实心修养、实务实业繁荣、实践逻辑建构、实用主义在当代的转变、实证理性(科学理性)与人文理性的统一、知行合一等一系列重大实学议题,为解决人类面临的全球性问题贡献实学智慧、实学精神和实学方案,发出实学声音,展现实学的当代价值与魅力。

(四)推动中国实学的创造性转化和创新性发展

一是继承发展中国传统文化中知行合一、讷言敏行、重践履的精神,坚持实践是检验真理的唯一标准,反对教条主义、神秘主义和绝对权威主义,努力把理论和实践、知和行有机结合起来,尊重创造、尊重劳动。

二是继承弘扬学以致用的传统,在重视基础研究的同时,大力发展应用学科,加强新型智库建设,向人们传输更多实用知识和实用科学,注重实证、实验,杜绝空虚无用的"玄学"。

三是汲取中华优秀传统文化中经世致用的价值取向成分,不尚空谈,多做实事,经纬世务,经国济民,关心老百姓的疾苦,以民生为重,以人民群众满意不满意作为评价一切事务是否成功的标准。

四是借鉴崇实黜虚的传统,在全社会大力培养求真务实精神,培养广大人民群众求实的思维方式,培养人们的实效观念、力行理念和求利意识。

五是在道德上要摒弃空无的理想主义,根据绝大多数人的人性定势和现实需要,根据人心之实理实情,来制定应然的道德规范,并注意借鉴西方功利主义和实用主义的某些合理特质,使当代中国的公民道德体系建设能够促使人把功利追求同道德文章有机统一起来。

(涂可国,山东社会科学院国际儒学研究院院长、研究员,中国实学研究会副会长)

---

① 《习近平在哲学社会科学工作座谈会上的讲话》,《人民日报》2016 年 5 月 19 日第 2 版。

·传统文化研究·

《孟子》的孝悌之道与家国情怀

韩 星

摘 要 孝悌之道是尧舜以来中华民族代代相传的优良传统，孟子言必称尧舜，认为尧舜之道，孝悌而已，并加以发扬光大。重视孝悌之道，维护家庭秩序，促进家庭和谐。把孝悌看成仁政的基础、王道的开端，提出了以孝悌之道为基础的仁政王道主张。仁义是孟子思想体系的核心，仁义落实在日常生活之中就是孝悌，可以通达于天下，是实现天下大同的基点。天下、国、家、身是密不可分的有机整体，修身为齐家之本，齐家为治国之本，治国为平天下之本。这种家国天下一体观和本末观，是中国人"家国情怀"的源头，是中华民族的精神追求和人文信仰。

关键词 《孟子》 孝悌之道 齐家 治国 平天下 家国情怀

一 孟子孝悌之道的思想渊源

孝悌之道是尧舜以来中华民族代代相传的优良传统。孟子"言必称尧舜"（《孟子·滕文公上》），赵岐《孟子题辞解》云："孟子退自齐梁，述尧舜之道而著作焉，此大贤拟圣而作者也。"然而孟子把尧舜之道概括为孝悌之道。

《孟子·告子下》第二章说："尧舜之道，孝弟而已矣。"孟子把尧舜之道概括为孝悌之道，就是说尧舜之道的道德根本是孝悌。孟子认为："尧舜之道，孝悌而已矣。子服尧之服，诵尧之言，行尧之行，是尧而已矣。子服桀之服，诵桀之言，行桀之行，是桀而已矣。"（《孟子·告子上》）赵岐注云："孝悌而已，人所能也。尧服，衣服不逾礼也。尧言，仁义之言。尧行，孝悌之行。桀服，谲诡非常之服。桀言，不行仁义之言。桀行，淫虐之行。为尧似尧，为桀似桀而已矣。"

孟子把尧舜之道归结为孝悌，并以尧舜与桀纣对比，指出如果人们服尧舜之服，诵尧舜之言，行尧舜之行，那就会成为尧舜这样的圣人；反之，则会成为桀纣这样的邪恶罪人。服饰合乎礼制，口言仁义之言，身行孝悌之行，才不会成为桀纣那样的大恶之人。朱熹《孟子集注》引杨氏曰："尧舜之道大矣，而所以为之，乃在夫行止疾徐之间，非有甚高难行之事也，百姓盖日用而不知耳。"尧舜之道是大道，但不是高不可攀，而就是从百姓日用的孝悌开始，体现在言行举止的方方面面。

孟子关于尧舜孝悌的思想当本于《尚书》。《尚书·尧典》说舜"瞽子，父顽，母嚚，象傲，克谐。以孝烝烝，乂不格奸"。舜的父亲瞽瞍是个不明事理的人，他的后母是个没有妇德之人，他的后弟傲慢不友好，三个人经常联合起来谋害舜。但舜以孝行美德感化他们，竭力使家庭和睦，同时自身加强修养，没有变得邪恶。《尚书·舜典》还说舜"慎徽五典，五典克从"。《伪孔传》："五典，五常之教。父义、母慈、兄友、弟恭、子孝。"五常之教就包含了孝悌之道，舜自己能够做到兄友、子孝。

有学者通过古代文献的考察发现：尧舜时期已有孝悌萌芽，夏代有忠德流行，商代则是悌道大盛，周人比较全面地形成了孝悌风俗，这些都是孔子系统孝悌思想形成的历史资源。孟子说孔子乃"集大成"者，其于孝悌思想亦然。[①] 孟子正是在尧舜以来到孔子、曾子的基础上对孝悌之道发扬光大，并以孝悌之道为基点，推衍到治国平天下。

[①] 参见舒大刚《虞、夏、商、周的孝悌文化初探》，《西华大学学报》（哲学社会科学版）2010年第4期。

二　孝悌之道与齐家

孝悌之道，家庭和睦。人类社会基本伦理有五，而家庭就有三伦：父子、夫妇、兄弟。处理好这三重关系，就是一个和谐美满的家庭。父子一伦为人类以血缘关系为纽带的纵向延续，伦理规范是"父慈子孝"。在家庭伦理中，所缺乏的、难以做到的往往不是"慈"，而是子女对父母的"孝"，于是儒家特别强调"孝"。家庭中的兄弟关系伦理规范是"兄友弟恭"，一般而言兄友问题不大，弟恭往往难以做到，所以要强调"悌"。贾谊《新书·道术》："弟敬爱兄谓之悌。"孔子非常重视孝悌，认为孝悌是做人、做学问的根本。《论语》中多次以孝悌连言连用，如："弟子入则孝，出则弟。""孝悌也者，其为仁之本与？"(《论语·学而》)

孟子重视孝悌之道与家庭和谐。《孟子·万章上》第一章，孟子与万章讨论舜为什么在田间耕作时会"号泣于旻天"，孟子认为舜的号泣是舜对父母既埋怨又怀恋的表现。舜发自内心地孝敬父母，无论父母对他如何他都尽为子的孝道，以至于得到人们的喜爱，得到美女、财富和尊贵都不足以消除他的忧愁，只有得到父母的欢心才可以消除忧愁。孙奭疏曰："此章指言夫孝，百行之本，无物以先之，虽富有天下，而不能取悦于其父母，莫有可也。"朱熹《孟子集注》："此章言舜不以得众人之所欲为己乐，而以不顺乎亲之心为己忧。非圣人之尽性，其孰能之？"孟子认为，舜虽已贵为天子，得到了人人都愿得到的东西，如天下士人归附、女色、财富、地位，但他并不高兴，他内心的忧愁是，还没有得到父母的欢心，年五十仍思慕父母。这说明孝道是人生一切的根本，一个人不能尽孝道，其他方面人生的成就就失去了价值基础，变得没有意义。

儒家认为，百善孝为先，孝悌为仁之本，从天子以至于庶民都是如此。以"孝"为本源，扩而充之，才能形成其他的善行。"孝"主要是对父母的感情问题，人都应该终身爱慕父母，但实际上又分成两种情况。一种情况是终身都只爱慕父母，其他如年轻漂亮的姑娘、妻子、君王等统统不爱。这当然不行，也是不能尽孝。另一种情况是既终身爱慕父母，又不妨害爱姑娘、爱妻子、爱君王等。孟子这段话是通过对大舜的行为作心理分析后引出的。大舜由于没有得到父母的喜爱，所以，即使获得了绝色美女和妻子，甚至自己已做了君王，达到了权力和财富的顶峰以后，也仍然郁郁寡欢，思慕父母之爱。所以，如果我们要做到"大孝"，那就应该既"终身慕父母"，又爱少艾和妻子，这才是健康正常的心态。"终身慕父母"就是对父母的孝心纯真无伪，始终一贯，不为权力、美色、物质享受所动。

《孟子·万章上》第二章孟子与万章讨论舜为什么会"不告而娶"，以及怎么认识舜在这件事上的做法。以礼，古代年轻人婚姻都得经过"父母之命，媒妁之言"，而舜娶尧之二女没有这样做，这是因为舜特殊的家庭环境，如果禀告了父母就娶不到妻子，就不能完成夫妇之大伦，也不能生儿育女、传宗接代。舜在父母、兄弟伤害他的情况下能够以真诚之心尽孝悌之道，父不慈子依然孝，弟不恭兄依然友，这是一般人很难做到的，正是舜伟大光辉之处。孙奭疏曰："此章指言仁圣所存者大，舍小从大，达权之义也，不告而娶，守正道也。"朱熹《孟子集注》："此章又言舜遭人伦之变，而不失天理之常也。""舜父顽母嚚，常欲害舜。告则不听其娶，是废人之大伦，以雠怨于父母也。"

舜遇到了人伦之道的变异，父母兄弟不行其道，常常想加害于舜，而他的行为则符合天理的常道，能够尽孝悌之道。男大当婚，女大当嫁。舜处于这样的家庭环境，如果告必不能娶，夫妇之伦不能立，必然会怨恨父母。如何理解舜的"不告而娶"？赵岐注："君子知舜告焉不得而娶，娶而告父母，礼也；舜不以告，权也。故曰犹告，与告同也。"赵岐认为告而娶是礼，不告而娶是权。孙奭疏"君子于舜不告而娶，是亦言舜犹告而娶之也。以其反礼而合义，故君子以为不告犹告也"，孙奭以"反礼而合义"解释。朱熹《孟子集注》："舜告焉，则不得娶，而终于无后矣。告者礼也。不告者权也。犹告，言与告同也。盖权而得中，则不离于正矣。范氏曰：'天下之道，有正有权。正者万世之常，权者一时之用。常道人皆可守，权非体道者不能用也。盖权出于不得已者也，若父非瞽瞍，子非大舜，而欲不告而娶，则天下之罪人也。'"

朱子、范氏以"正和权"的辩证关系来解释，与赵岐近。都说明舜的做法是反礼之权，不告而娶，就跟告了一样，并不违背人伦大道。这是孟子经权思想在孝悌之道方面的具体应用。

孟子也重视以礼尽孝。孝道体现在人子日常生活的方方面面，如何体现？通过礼。《论语·为政》载孟懿子问孝，子曰："无违。"樊迟御，子告之曰："孟孙问孝于我，我对曰，'无违'。"樊迟曰："何谓也？"子曰："生，事之以礼；死，葬之以礼，祭之以礼。"孟懿子问孝，孔子告诉他侍奉父母不要违背礼仪，而礼仪贯穿生死，父亲生前以礼侍奉，父母去世以礼安葬，去世之后以礼祭祀，这才算得上尽孝。所以孝与礼密不可分。

《孟子·滕文公上》引曾子曰："生，事之以礼；死，葬之以礼，祭之以礼：可谓孝矣。"这句话与《论语》完全一致，赵岐注认为是"曾子传孔子之言"，朱熹《孟子集注》也认为："所引曾子之言，本孔子告樊迟者。"为什么孔、曾、孟是一脉相承的。孙奭疏云："孟子以此答然友之问，言曾子谓父母在生之时，当以礼奉事之，如冬温夏凊，昏定晨省，是其礼也；父母死之时，当以礼安葬之，如擗踊哭泣，哀以送之，卜其宅兆，而安厝之，是其礼也；及祭之礼，如春秋祭祀，以时思之，陈其簠簋，而哀戚之是也：能如此，则可谓之能孝者矣。"

孟子下面接着说："三年之丧，斋疏之服，飦粥之食，自天子达于庶人，三代共之。""三年之丧"是上古传下来的，是全社会的人都应该实行的。赵岐注："孟子言我虽不学诸侯之礼，尝闻师言，三代以事，君臣皆行三年之丧。"孙奭疏："三年之丧，自上至于天子，下而达于庶人，三代夏、商、周共行之矣。"朱熹《孟子集注》："三年之丧者，子生三年，然后免于父母之怀。故父母之丧，必以三年也。"三年之丧从天子到庶民一贯，夏商周三代一致，内在精神是体现孝子感恩报答父母的养育之恩，是发自仁心的孝道应有之义。

孟子之所以重视三年之丧，朱熹解释说："当时诸侯莫能行古丧礼，而文公独能以此为问，故孟子善之。又言父母之丧，固人子之心所自尽者。盖悲哀之情，痛疾之意，非自外至，宜乎文公于此有所不能自已也。"又引林氏曰："孟子之时，丧礼既坏，然三年之丧，恻隐之心，痛疾之意，出于人心之所固有者，初未尝亡也。"孟子时代丧礼已坏，诸侯们都不行三年之丧，而只有文公还询问，孟子赞颂他，并指出三年之丧的礼仪是为了体现孝子的仁爱之心，表达孝子失去父母之后的悲痛之情。这就是孟子主张保留三年之丧的原因。

《孟子·离娄下》第十三章孟子曰："养生者不足以当大事，惟送死可以当大事。"强调生养与死葬比较起来，死葬似乎更为重要。赵岐注："孝子事亲致养，未足以为大事，送终如礼，则为能奉大事也。"孙奭疏："此章指言养生竭力，人情所勉。哀死送终，行之高者，事不违礼，可谓难矣，故谓之大事。孟子言人奉养父母于其生日，虽昏定晨省，冬温夏清，然以此之孝，亦不足以当其大事也。惟父母终，能擗踊哭泣，哀以送之，卜其宅兆，而安厝之，斯可以当之也。"

在中国古代社会环境下，无论能力如何，对父母的赡养大都能够尽心尽力，不成问题。但父母去世后以礼丧葬，有繁缛的礼节和苛刻的要求，特别是要守三年之丧礼，确实不容易，所以是一件大事。朱熹《孟子集注》："事生固当爱敬，然亦人道之常耳；至于送死，则人道之大变。孝子之事亲，舍是无以用其力矣。故尤以为大事，而必诚必信，不使少有后日之悔也。"朱熹认为生养是人道之常，而死葬是人道之变，所以是大事，一定要诚心诚意，尽心尽力，以免日后懊悔。

孝悌之道，可以维护家庭秩序，促进家庭和谐，古人云："家和万事兴。"《礼记·礼运》云："父子笃，兄弟睦，夫妇和，家之肥也。"反之，"父子不和，其世破亡；兄弟不和，不能久同；夫妻不和，家室大凶"（《说苑·敬慎》）。《孟子·尽心上》曰："君子有三乐……父母俱存，兄弟无故，一乐也。"几代同堂，家庭和睦，其乐融融，所谓天伦之乐，是几千年中国人孜孜以求的理想生活样态。

三 孝悌之道与治国

在儒家看来，孝悌是实行仁道的根本，君子修身，治国平天下要从孝悌开始。梁漱溟说："要想使社会没有那种暴慢乖庚之气，人人有一种温情的态度，自不能不先从家庭做起，所以说：'君子笃于亲，则民兴于仁。'"[①] 黑格

[①] 梁漱溟：《东西文化及其哲学》，商务印书馆1999年版，第145页。

尔说过:"中国纯粹建筑在这一种道德的结合上,国家的特性便是客观的'家庭孝敬'。中国人把自己看作是属于他们家庭的,而同时又是国家的儿女。"①

古代社会家国一体,家为国之本,所以治国要从每一个家庭为基本单元来做起。《论语·为政》载或谓孔子曰:"子奚不为政?"子曰:"《书》云:'孝乎惟孝,友于兄弟,施于有政。'是亦为政,奚其为为政?"孔子告诉我们孝悌之道就是为政之道,准确地说为政之道就是孝悌之道的延伸。《论语·学而》载有子说:"其为人也孝悌,而好犯上者,鲜矣。不好犯上而好作乱者,未之有也。"

孝悌绝不是一个个人和一个家庭的问题,而是关系到社会是否安定、天下是否太平的大问题。在家中实行了孝悌,国家社会就不会发生"犯上作乱"的事情。这就是说,个体要在家庭中接受长幼秩序,进入社会才能接受既定的社会规则,成为一个遵纪守法的公民。《大学》:"所谓治国必先齐其家者,其家不可教而能教人者无之。故君子不出家而成教于国:孝者,所以事君也;悌者,所以事长也;慈者,所以使众也。"孝、悌、慈是齐家之道的三大法宝,也是治国的三个法宝。

孟子把孝悌看成仁政的基础、王道的开端,提出了以孝悌之道为基础的仁政王道主张。《孟子·梁惠王上》载梁惠王向孟子请教治国之道,孟子针对梁惠王自满于灾荒时为老百姓做"移民""移粟"之事,批评梁惠王能行小惠,但不能行王道以养其民,根据当时的生产条件,描绘了一幅小农经济的理想图景:"五亩之宅,树之以桑,五十者可以衣帛矣;鸡豚狗彘之畜,无失其时,七十者可以食肉矣;百亩之田,勿夺其时,数口之家,可以无饥矣;谨庠序之教,申之以孝悌之义,颁白者不负戴于道路矣。七十者衣帛食肉,黎民不饥不寒,然而不王者,未之有也。"希望梁惠王不违背农时,让百姓可按时劳作,获得好收成,丰衣足食,生养死葬没有后顾之忧,那就可以算作行仁政了,就是王道政治的开端。

孟子还特别提出"谨庠序之教,申之以孝悌之义,颁白者不负戴于道路矣"。朱熹《孟子集注》:"既富而教以孝悌,则人知爱亲敬长而代其劳,不使之负戴于道路矣。"富裕起来以后,通过建立学校,进行孝悌等道德教化,

---

① [德]黑格尔:《历史哲学》,王造时译,生活·读书·新知三联书店1956年版,第165页。

使人们知道爱亲敬长，老有所依，老有所乐，这是实现王道的基础。"庠序之教"是三代圣王传承下来的治国法宝，《孟子·滕文公上》云："设为庠、序、学、校以教之。庠者，养也；校者，教也；序者，射也。夏曰校，殷曰序，周曰庠，学则三代共之，皆所以明人伦也。人伦明于上，小民亲于下。有王者起，必来取法，是为王者师也。"

孟子认为，不同时代的教育在具体细节上有差异，但根本的目的都是明人伦。人伦不明，则九族不睦，百姓不亲，人无道德，社会无秩序。人无道德，虽名之为人，而几与禽兽无别，也不可能建立起良好的社会秩序。所以他强调："人之有道也：饱食暖衣、逸居而无教，则近于禽兽。圣人有忧之，使契为司徒，教以人伦——父子有亲，君臣有义，夫妇有别，长幼有叙，朋友有信。"（《孟子·滕文公上》）通过道德教化，实现伦理生活的幸福美满，也就是王道理想的最终实现。

《孟子·梁惠王上》第五章，孟子针对梁惠王处于被动挨打、国力衰微的局面，希望他不要溺于私仇，睚眦必报，而是直截了当地提出了他的仁政主张。在物质生产方面有三项内容：一是刑罚，二是薄赋税，三是深耕易耨。在精神文明建设方面，孟子提出了通过教育培养国民孝、悌、忠、信的品德，使他们在家能够侍奉父母兄长，出门能够尊敬长辈上级，有来犯之敌可以拼死保家卫国，英勇抵抗强敌入侵。"王如施仁政于民，省刑罚，薄税敛，深耕易耨。壮者以暇日修其孝悌忠信，入以事其父兄，出以事其长上，可使制梃以挞秦楚之坚甲利兵矣。"这样，孝悌之德就是实行君王仁政的道德本原，也是一个国家防御外敌的精神力量源泉。

君子在一个国家的作用是建功立业、教化民众。《孟子·尽心上》载公孙丑曰："《诗》曰：'不素餐兮。'君子之不耕而食，何也？"孟子曰："君子居是国也，其君用之，则安富尊荣；其子弟从之，则孝悌忠信。不素餐兮，孰大于是？"公孙丑字面上理解《诗经》"不素餐兮"是君子之不耕，好像是吃闲饭。其实君子是劳心者，"劳心者治人，劳力者治于人"（《孟子·滕文公上》）。君子参与国家政教是其本分。赵岐注："君子能使人化其道德，移其习俗，身安国富而保其尊荣，子弟孝悌而乐忠信，不素餐之功，谁大于是？何为不可以食禄！"君子被国君重用，可以使国家"安富尊荣"；如果有子弟来学，可以教以"孝悌忠信"。这就是古代社会治国理政的所谓"政教"。

《孟子·万章上》第四章载舜成为天子以后如何处理父子之伦,他以天子之身份见到愚顽暴虐,曾经加害于他的父亲,神情局促不安,以至于谨慎战栗,仍然能够以子道事父。当然,成为天子,对父母的孝就是以天下孝养,"孝子之至,莫大乎尊亲;尊亲之至,莫大乎以天下养。为天子父,尊之至也;以天下养,养之至也"。这就是天子之孝。《孝经·天子章》云:"爱亲者不敢恶于人,敬亲者不敢慢于人。爱敬尽于事亲,而德孝加于百姓,刑于四海,盖天子之孝也。"作为天子,在爱敬自己亲人的基础上,还应该以自己的表率作用、榜样的力量,上行下效,使普天之下的人都孝敬自己的父母。

四　孝悌之道与平天下

　　天下一家,中国一人,天下是家的最大扩展,平天下也是齐家的逻辑推衍。孟子主张平天下要从仁政出发,实现王道理想:"尧舜之道,不以仁政,不能平治天下。"(《孟子·离娄上》)尧舜之道就是先王之道的代表,具体措施就是通过行仁政,最终达到天下太平的理想。平治天下的仁政就是孝悌之道在政治上的运用。可以说孝悌之道是仁义之道,《孟子·离娄上》说:"仁之实,事亲是也;义之实,从兄是也。"仁义是孟子思想体系的核心,仁义落实在日常生活之中就是孝悌,或者说孝悌是仁义的实践。

　　以仁义为基础的孝悌之道可以通达于天下,《孟子·尽心上》云:"亲亲,仁也。敬长,义也。无他,达之天下也。"赵岐注:"少知爱亲,长知敬兄,此所谓良能良知也。人仁义之心,少而皆有之,欲为善者无他。达,通也,但通此亲亲敬长之心,施之天下人也。"少知爱亲,长知敬兄,是人的良能良知,是出于仁义之心,是实行仁政王道的人性和道德基础,可以推之于治国平天下。孙奭疏:"爱其亲,钦顺其兄,是仁义也,仁义即良知良能者也。言人之为善者,无更于他求也,但通达此亲亲敬长之良能良知,施之与天下耳。"亲亲是孝,是为仁之本;敬长是悌,是为义之义。孝悌之道就是仁义之道,是发自人的良知良能,以仁义治国平天下的途径是仁政王道,可以通达普天之下,最终实现天下大同。

　　孟子塑造的大舜成为天子以后坚守孝悌之道,同时又没有化公为私,而是致力于天下为公。尧舜禅让就体现了天下为公的政治理念。郭店楚简《唐虞之道》云："唐虞之道，禅而不传。尧舜之王，利天下而弗利也。禅而不传，圣之盛也。利天下而弗利也，仁之至也。故昔贤仁圣者如此。身穷不贪，没而弗利，穷仁矣。必正其身，然后正世，圣道备矣。故唐虞之道，禅也。"尧舜之道，以天下为公，毫无自私自利之心，把天下不是传给儿子，而是传给贤能之人。《吕氏春秋·去私》云："尧有子十人，不与其子而授舜；舜有子九人，不与其子而授禹，至公也。"尧舜禅让是大公无私精神的体现。但是怎么解释舜做了天子封弟弟象于有庳？

《孟子·万章上》第三章，孟子与万章讨论舜做了天子以后如何处理与其弟弟象的关系，万章问曰："象日以杀舜为事，立为天子则放之，何也？"孟子曰："封之也，或曰放焉。"万章曰："舜流共工于幽州，放驩兜于崇山，杀三苗于三危，殛鲧于羽山，四罪而天下咸服，诛不仁也。象至不仁，封之有庳。有庳之人奚罪焉？仁人固如是乎？在他人则诛之，在弟则封之。"曰："仁人之于弟也，不藏怒焉，不宿怨焉，亲爱之而已矣。亲之欲其贵也，爱之欲其富也。封之有庳，富贵之也。身为天子，弟为匹夫，可谓亲爱之乎？""敢问或曰放者，何谓也？"曰："象不得有为于其国，天子使吏治其国而纳其贡税焉，故谓之放。岂得暴彼民哉！虽然，欲常常而见之，故源源而来，'不及贡，以政接于有庳'。此之谓也。"

尽管象曾经试图谋害舜，但舜成为天子并没有伤害象，还给他封地。这在一般人很难理解，孙奭疏："此章指言悫诚于内者，则外发于事，仁人之心也。象为无道极矣，友于之性，忘其悖逆，况其仁贤乎！"舜有仁心，诚于中而发于外，对无道至极的象以其善性待之，忘了对他的一系列阴谋伤害。朱熹《孟子集注》引吴棫云："言圣人不以公义废私恩，亦不以私恩害公义。舜之于象，仁之至，义之尽也。"

此章是孟子对舜登天子之位后如何对待曾谋害自己的弟弟象的情况的澄清，借以表达舜有仁心，故有了行仁政的基础。针对流传的舜登天子之位后流放象的说法，孟子解释说，舜其实是封象于有庳的，但是他深知自己的弟弟难以担当治理重任，于是"使吏治其国，而纳其贡税焉"，就是说，使"象不得有为于其国"。也正是因为如此，才有了舜放象的流言。诚如吴棫所言，舜对于象，的确可以说是仁至义尽了。如果有人说舜对自己这么坏的弟弟还封地，而对"四恶"则杀戮、流放，不是典型的任人唯亲吗？

就今日的眼光看，确实可以这样说，但舜的弟弟象虽然心性残暴，几次欲谋害舜，但毕竟没有造成杀人事实，也没有给社会造成伤害。所以舜采取最佳的行为方式，只是让他到偏僻的有庳国去当一个名誉上的诸侯，而没有实际权力，还是派官员管理有庳国，避免他残暴地对待有庳国的老百姓。舜还经常与象见面，互相往来，维持着兄弟之情，尽悌道。

五 结语：孝悌之道与家国情怀

儒家非常重视孝悌之道，认为孝悌是做人做事做学问、修身齐家治国平天下的根本。孝悌是中国文化的基本精神，是中国人的宗教信仰。梁漱溟说："孝悌实在是孔教唯一重要的提倡。他这也没有别的意思，不过他要让人作他那种富情感的生活，自然要从情感发端的地方下手罢了。人当孩提时最初有情自然是对他父母，和他的哥哥姊姊；这时候的一点情，是长大以后一切用情的源泉；绝不能对于他父母家人无情而反先同旁的人有情。《论语》上'孝悌也者其为仁之本欤'一句话，已把孔家的意思说出。只需培养得这一点孝弟的本能，则对于社会、世界、人类，都不必教他什么规矩，自然没有不好的了。"[①]

《孟子·离娄上》曰："人有恒言，皆曰'天下国家。'天下之本在国，国之本在家，家之本在身。"这句话包含两层意思：一是天下、国、家、身一体观；二是天下、国、家、身本末观。天下、国、家、身是密不可分的有机整体，但不是简单的并列关系，而是修身为齐家之本，齐家为治国之本，治国为平天下之本。孟子进一步提出"亲亲而仁民，仁民而爱物"（《孟子·尽心上》），由家庭的孝悌，推衍到仁爱大众，以至于爱护万物。周敦颐《通书·家人睽复无妄》云："治天下有本，身之谓也；治天下有则，家之谓也。本必端。端本，诚心而已矣；则必善，善则，和亲而已矣……是治天下观于家，治家观身而已矣。"

[①] 梁漱溟：《东西文化及其哲学》，商务印书馆1999年版，第145页。

这样，以修身为本，由个人而社会，由内圣而外王，就形成了中国古代士大夫道德修养与社会政治实践的逻辑顺序。正因为这样，假如在侍奉父母与天子权力之间出现了不可调和的矛盾，孟子认为舜可以为了父子亲情而抛弃天下如同扔掉破鞋一样。《孟子·尽心上》桃应问孟子曰："舜为天子，皋陶为士，瞽瞍杀人，则如之何？"孟子曰："执之而已矣。""然则舜不禁与？"曰："夫舜恶得而禁之？夫有所受之也。""然则舜如之何？""舜视弃天下，犹弃敝蹝也。窃负而逃，遵海滨而处，终身䜣然，乐而忘天下。"

桃应给孟子假设了一个难题，舜的父亲杀了人，从法律角度皋陶要把瞽瞍抓起来以法判刑，舜是天子，也没有办法禁止。但舜可以在父亲和天子之间选择，他可以选择放弃天子之位，背着父亲逃到海边，与父亲享受天伦之乐而忘记天下。朱熹《孟子集注》："言舜之心，知有父而已，不知有天下也。孟子尝言舜视天下犹草芥，而惟顺于父母可以解忧，与此意互相发。"可见父母与天下比较起来，舜会知有父而不知有天下，把孝道看得比权势地位更重要。

《孟子·尽心上》第二十章，孟子提出君子有三乐，"君子有三乐，而王天下不与存焉。父母俱存，兄弟无故，一乐也……"孟子认为，父母都健在，可以尽孝道；兄弟无变故，可以尽悌道。行孝悌之道，享天伦之乐，是人生一大乐事，而称王天下不在其中。这表明孟子对孝悌之道的重视，也表达了家为天下之本，不能舍本逐末。这种家国天下一体观和本末观，就是后来中国人"家国情怀"的源头。

"家国情怀"是中华民族历经磨难、百折不挠、生生不息的精神追求和人文信仰，是中华民族共有精神家园的有机组成部分，千百年来，它如同一条纽带，将每个人的成长与家国天下紧密相连，个人的生活、家庭的幸福、国家的前途、人类的未来，都同频共振，构成密不可分的命运共同体。作为中华传统文化的优秀传统之一，仍然具有重要的时代价值，需要我们传承发展。

（韩星，中国人民大学教授，曾子研究院特聘专家、尼山学者，中国实学研究会副会长）

春秋时期的天命观

黄开国

摘 要 天命观是先秦哲学最重要的课题。天命观出现的理论前提，是以上帝为天的同义语。西周的天命观，是以对上帝的迷信为基点，以获得天命为王朝正当性作论证的理论。受命说是西周天命观的重要内容，但受命说肯定王朝正当性的天命论证与商代的上帝崇拜有一个最大的不同，就是对道德作用的肯定。春秋时期的天命观，虽然保留西周天命观天的主宰含义，但又加入了自然与人的社会因素等，这一变化使从人与自然特别是凸显人的道德来言说天命，成为春秋时期天命观的主要内容，这就将以迷信上帝为主的天命观变为以人文精神为根本的天命观。

关键词 春秋 西周 天命 人文

论及先秦天命观，许多论著认为天命观在夏商就存在。其实，即使在只有帝、上帝的商代也无所谓天命观，遑论夏代。因为天命观的出现，必以对天的崇拜为前提，而这一崇拜只能发生在天观念作为至上神的同义词之后。西周的天观念，出现以天替代上帝来称谓至上神，这绝不只是术语的文字变化，它在中国文化史上具有极大的意义。正是有了这一变化，才有天命观念的出现。没有至上神的天观念，天命就缺乏至高无上的依据。因此，中国文化史上的天命观，应该出现在周代。春秋时期的天命观虽然是承继西周而来，但是一种全新的天命观，天命不再只具有上帝的绝对权威，而是变为包含天与人的多重含义的观念。自此以后，言天命的内涵都不出春秋时期的基本内容。

一 西周的天命观

最早记载天命观的典籍是《尚书》。今存《尚书》言天命26次，其中《虞书》1次；《商书》7次，除去《伪古文尚书》的《仲虺之诰》《汤诰》各2次，实为3次；《周书》18次，除去《伪古文尚书》的《泰誓》2次、《武成》1次①，为15次，总计为19次。其中最早的时间是《虞书·皋陶谟》："天命有德，五服五章哉！天讨有罪，五刑五用哉！政事懋哉懋哉！天聪明，自我民聪明，天明畏，自我民明威。达于上下，敬哉有土。"② 从这段话的内容看，以天命与德相联系，讲天聪明、天明畏来自我民，这显然是周公之后才有的，绝不可能出现在舜的时代，陈梦家将此篇断为战国的作品③是有道理的。司马迁甚至将天命观的出现提前到尧舜之交："于是帝尧老，命舜摄行天子之政，以观天命。"④（《史记·五帝本纪》）如果舜时关于天命的记载都不可信，这之前的记载更无可信度。

《商书》3次所言天命，分别见于《汤誓》："有夏多罪，天命殛之。"⑤《盘庚上》："先王有服，恪谨天命，兹犹不常宁；不常厥邑，于今五邦。"⑥《微子》："殷既错天命，微子作诰。"⑦ 这3篇文献，陈梦家也断为战国的作品⑧，这说明这些文献的记载难以作为商代有天命观的证据。但在《诗经·商

---

① 《伪古文尚书》并不是完全不可信，其中有的文句是可信的，是真古文，如《左传》《国语》记载春秋时期所引用的文句。但《伪古文尚书》言天命的文句，在《左传》《国语》中都不见春秋时期人们的引用，这也从一个侧面说明这些文句的不可信。
② 《十三经注疏》，中华书局1982年版，上册，第129页。
③ 参见陈梦家《尚书通论》，中华书局1985年版，第112页。
④ （汉）司马迁：《史记》，中华书局1985年版，第1册，第24页。
⑤ 《十三经注疏》，中华书局1982年版，上册，第129页。
⑥ 《十三经注疏》，中华书局1982年版，上册，第168页。
⑦ 《十三经注疏》，中华书局1982年版，上册，第177页。
⑧ 参见陈梦家《尚书通论》，中华书局1985年版，第112页。

颂·玄鸟》也有"天命玄鸟，降而生汤"①之语，后来，司马迁写《史记》也有类似记载，如"汤曰：'格女众庶，来，女悉听朕言。匪台小子敢行举乱，有夏多罪，予维闻女众言，夏氏有罪。予畏上帝，不敢不正。今夏多罪，天命殛之'"②等。这么多的记载，都肯定了商代的天命观。

但这些记载也不可信，因为天命观的出现，只能在天作为至上神的同义词出现后，才可能产生。而商代并没有以天为至上神的观念，以天为至上神是周人的观念。在周代以前，至多只有与天命观相近崇拜上帝的迷信思想，关于夏商及其以前就有天命观的历史记载，都是不可信的。上帝崇拜与天命观在理论上是一脉相承的，上帝与天命都是统治者为其统治的合法性、合理性所制造的神圣理论根据，在有天命观后，天命成为通行的说法，后人将以前的上帝崇拜改用天命来叙说，是很自然的。这就是司马迁的《史记》记载三代的兴亡更替，都贯穿天命兴废的原因。但就思想观念的发展而言，绝不能将天命观的出现说成商代以至于尧舜时就有的。

在西周初年以天为上帝的同义词出现后，天命观才有可能形成。《尚书》19次言天命，15次见于《周书》，正是天命观出于西周的有力说明。天命观的天命是由天与命组合的一个词组，这个词组与商代的上帝崇拜有联系，但又有差别。联系在于天命的天的主要含义是上帝的同义词，差别在于上帝一词只是指称至上神，而没有与人相关联，而天与命组合，就将上帝与人联系起来，并含有上帝决定人生与人接受上帝命令的双重意义。所以，天命是一个涉及天人关系的观念，可以说西周的天命观是由对天的迷信，而最早产生的关于天人关系的观念。

《周书》所载"天命"一词，见于《大诰》《康诰》《召诰》《洛诰》《多士》《无逸》《君奭》《多方》《吕刑》，其中《大诰》《召诰》各3次，《多士》《多方》各2次，其余都为1次，总计15次。这些言天命的绝大多数文字，《尚书》本文、《尚书序》与注疏都明确说是周公之语，而历代学者的辨析也认为这些篇章绝大部分都出自周公或与周公相关，陈梦家通过考辨得出

---

① 《十三经注疏》，中华书局1982年版，上册，第622页。
② （汉）司马迁：《史记》，中华书局1985年版，第1册，第95页。

结论，认为除《吕刑》为西周中期以后的作品外，其余皆为西周初期的作品。① 由此，可以认为"天命观"一词的出现在西周早期，周公则是中国历史上天命观的创立者，康王之时出现"天子"一词也正是天命观出现于西周的旁证。正是有了天命观的出现，才有天子概念的形成，天子一词正是天命在君王合法性问题上的逻辑展开。

西周的天命观，是以对上帝的迷信为基点，以获得天命为王朝正当性作论证的理论。由于周公的天命观所说的天，就是至上神的同义词，所以，西周的天命说总是与上帝联系："惟乃丕显考文王，克明德慎罚；不敢侮鳏寡，庸庸，祗祗，威威，显民，用肇造我区夏，越我一、二邦以修我西土。惟时怙冒，闻于上帝，帝休，天乃大命文王。"②（《尚书·康诰》）天命就是上帝的命令，但天命观的上帝不同于卜辞的上帝，卜辞的上帝只是一味发号施令的主宰，并不与人事发生联系。而西周天命观的上帝是能够闻知人世间善恶，具有感知能力的，人间的圣王要获得天命，必须让其德行得到上帝的认可，上帝的天命是与圣王的德行联系在一起的。所以，在《大诰》等篇中，周公一再以龟卜来论证天命，肯定夏商周王朝的建立，夏商王朝被商周取代，都是得到上帝的眷顾，才得以享有天命的。

圣王获得天命，在西周天命观中被称为受命。《周书》记载周文王等获得天命，无不是以"受命"为说。《周书》多言受命，如"贲敷前人受命，兹不忘大功"（《尚书·大诰》）③；"惟王受命，无疆惟休，亦无疆惟恤"（《尚书·召诰》）④；"文祖受命"（《尚书·洛诰》）⑤；"惟周公诞保文武受命"（《尚书·洛诰》）⑥；"文王受命"（《尚书·君奭》）⑦；"昔成汤既受命"（《尚书·君奭》）⑧；"我受命于疆惟休，亦大惟艰"（《尚书·君奭》）⑨。受命就是

---

① 参见陈梦家《尚书通论》，中华书局1985年版，第112页。
② 《十三经注疏》，中华书局1982年版，上册，第203页。
③ 《十三经注疏》，中华书局1982年版，上册，第198页。
④ 《十三经注疏》，中华书局1982年版，上册，第212页。
⑤ 《十三经注疏》，中华书局1982年版，上册，第216页。
⑥ 《十三经注疏》，中华书局1982年版，上册，第216页。
⑦ 《十三经注疏》，中华书局1982年版，上册，第223页。
⑧ 《十三经注疏》，中华书局1982年版，上册，第223页。
⑨ 《十三经注疏》，中华书局1982年版，上册，第225页。

获得天命,而能够受命的只是夏禹、商汤、周文王之类开创新王朝的圣王,无一例外。

可以说,以周公为代表的西周天命观就是圣王受命说,而论说最多的就是文王受命说,这是周取代殷商的理论支柱,也是周王朝维持其统治合法性的根据,所以,成为周王朝最为流行的统治观念。受命只是被动地接受天命,即使如周公最推崇的文王,也只是受命而成为圣王的。丧失天命则被称为革命,如商取代夏王朝,就被周公说成"殷革夏命"(《尚书·多士》)①。这是"革命"一词的最早含义,意为变革天命。革命说与受命说虽然立论不同,但都是对天命观的肯定。

受命说与商代的上帝崇拜有一个最大的不同,就是强调要以崇高的道德、民众的支持来获取或保有天命,并将天命丧失的原因归结为道德的沦丧、民意的丧失。周公说:"我不可不监于有夏,亦不可不监于有殷。我不敢知曰,有夏服天命,惟有历年;我不敢知曰,不其延。惟不敬厥德,乃早坠厥命。我不敢知曰,有殷受天命,惟有历年;我不敢知曰,不其延。惟不敬厥德,乃早坠厥命。"(《尚书·召诰》)②"王以小民受天永命"(《尚书·召诰》)③;成王说他在周公辅佐下:"扬文武烈,奉答天命,和恒四方民。"(《尚书·洛诰》)④ 天命的获得,离不开德与民,这是西周以前所没有的新思想。

但这一思想虽然强调天命的获得与保持都离不开道德、人民,可是,道德只是保有天命的条件,或获得天命的原因、手段,道德并没有获得与上帝、天命同等的地位,人民的民意也只是天命的体现,天命依然对人事起着单方面的决定作用,具有绝对权威的依然是天,而不是道德、人民。但是,天命观与道德、人民的联系,也就在对上帝、天命的迷信中埋下了异质的因子,而为春秋时期人本主义的天人观创造了理论条件。正是循着对道德、人民的重视,才有春秋时期在天命观上的突破。

---

① 《十三经注疏》,中华书局1982年版,上册,第220页。
② 《十三经注疏》,中华书局1982年版,上册,第213页。
③ 《十三经注疏》,中华书局1982年版,上册,第213页。
④ 《十三经注疏》,中华书局1982年版,上册,第215页。

二 春秋时期的天命观

春秋时期的天概念，虽然保留了天命观中天的主宰含义，但是包含自然、人与社会因素的概念，而不再仅仅等同于上帝。这一天观念的变化，是春秋时期的天人观与天命观分野的关键所在，由此才真正形成天人既对立又联系的关系，为人本主义的天人观形成创造了条件。在天人观的发展史上，春秋时期是一个有决定意义的时代，而以人为本天人观的形成则是其最重要的成果。其后的天人观无论怎样演化，都可以在春秋时期的天人观中找到某种思想素材。

但这并不是说春秋时期天命观就已经被否定了，其实在春秋时期不少人还是相信天命，认为天命具有决定的意义，人世间的一切都是天命安排的，人只能听命于天。讲春秋时期的天人观，不能只讲对天命观的怀疑否定，还必须承认天命观为多数人所信从的事实。但是，由于春秋时期天观念的变化，其天命观也与西周的天命观有很大的不同。西周的天命观虽然承认道德与人的意义，但依然是上帝决定论的天命观，而春秋时期的天命观则凸显道德与人的内涵，而消解了西周天命观的上帝决定论，上帝不再是唯一的决定意义，道德与人的因素构成天命不可缺少甚至是决定性的因素。

"天命"一词，《左传》记载有8次，《国语》有6次，"天命不佑"在同一问题上三次言及，所以，实际上只有12条。在这12条材料中，可以分为两大类。

一类基本是西周天命观的再现，共计有5条材料。其中一条是郧辛的君命即天命说："王奔郧，钟建负季芈以从，由于徐苏而从。郧公辛之弟怀将弑王，曰：'平王杀吾父，我杀其子，不亦可乎？'辛曰：'君讨臣，谁敢仇之？君命，天也，若死天命，将谁仇？《诗》曰："柔亦不茹，刚亦不吐，不侮矜寡，不畏强御。"唯仁者能之。违强陵弱，非勇也。乘人之约，非仁也。灭宗废祀，非孝也。动无令名，非知也。必犯是，余将杀女。'"[①]（《春秋左传正

[①] 《十三经注疏》，中华书局1982年版，下册，第2136页。

义·定公四年》）这是以周天子为上天之子，而推论出来的天命观念。而以周天子为上天之子，是西周康王时代就出现的观念。

有3条是相信天命观的材料。其中两条可以称为天命不可怀疑说，即子家子的"天命不慆"（《春秋左传正义·昭公二十七年》）[1]，与子高说的"天命不谄"（《春秋左传正义·哀公十七年》）[2]。杜预注："慆，疑也。"（《春秋左传正义·昭公二十七年》）[3] "谄，疑也。"（《春秋左传正义·哀公十七年》）[4] 不慆、不谄皆为无可怀疑之义，子家子用天命无疑，来说明昭公一定会被赶出鲁国，子高则是用来证明楚国的公孙朝一定能够消灭陈国。这两处虽然言及天命，但并没有对天命本身作出训解，而只是表达了相信天命的态度。

相信天命的记载，还特别表现在晋文公身上，这有数条记载。但明确以"天命"一词说晋文公享有天命，只有一条材料：

> 遂如楚，楚成王以周礼享之，九献，庭实旅百。公子欲辞，子犯曰："天命也，君其飨之。亡人而国荐之，非敌而君设之，非天，谁启之心！"既飨，楚子问于公子曰："子若克复晋国，何以报我？"公子再拜稽首对曰："子女玉帛，则君有之。羽旄齿革，则君地生焉。其波及晋国者，君之余也，又何以报？"王曰："虽然，不谷愿闻之。"对曰："若以君之灵，得复晋国，晋、楚治兵，会于中原，其避君三舍，若不获命，其左执鞭弭，右属櫜鞬，以与君周旋。"[5]（《国语·晋语四》）

九献是上公才能够享受的礼遇，晋文公当时只是流亡在外的公子，根本没有享受这样级别礼遇的资格，但楚成王却以九献之礼款待晋文公，《左传》不以非礼批评，而是认为这是晋文公有天命的预兆，所以，子犯告诉晋文公大胆地接受就是了。以上材料所表达的天命观，与西周的天命观基本上没有区别，

---

[1] 《十三经注疏》，中华书局1982年版，下册，第2117页。
[2] 《十三经注疏》，中华书局1982年版，下册，第2179页。
[3] 《十三经注疏》，中华书局1982年版，下册，第2117页。
[4] 《十三经注疏》，中华书局1982年版，下册，第2179页。
[5] 《国语》，上海古籍出版社1978年版，第352页。

都是以迷信天命为特点，以天命为至上神意志表现的观念。

另外，还有伍子胥的"天命有反"说：

> 吴王夫差既许越成，乃大戒师徒，将以伐齐。申胥进谏曰："昔天以越赐吴，而王弗受。夫天命有反，今越王勾践恐惧而改其谋，舍其愆令，轻其征赋，施民所善，去民所恶，身自约也，裕其众庶，其民殷众，以多甲兵。越之在吴，犹人之有腹心之疾也。夫越王之不忘败吴，于其心也佖然，服士以伺吾间。今王非越是图，而齐、鲁以为忧。夫齐、鲁譬诸疾，疥癣也，岂能涉江、淮而与我争此地哉？将必越实有吴土。"（《国语·吴语》）①

天命有反，是说天命是变化的，而不是固定不移的，这虽然与上面5条的说法有一些差异，但也是一种相信天命的观念，只不过相信天命是可以转移的而已，这比较接近于西周的天命靡常说。这6条言天命的材料，反映的是西周天命观在春秋时期的延续，这是历史发展中因的一面。

春秋时期还有许多没有天命一词，但也是讲天命的记载。如说秦公子是"天所赞也"（《春秋左传正义·昭公元年》）②，"夫吴之与越，唯天所授唯天所授"（《国语·吴语》）③；楚国的兴起，"是天启之心也……天之所启，十世不替"（《国语·郑语》）④；"天方授楚"（《春秋左传正义·桓公六年》）⑤；"天方授楚，未可与争。虽晋之强，能违天乎"（《春秋左传正义·宣公十五年》）⑥；"齐、晋亦唯天所授，岂必晋"（《春秋左传正义·成公二年》）⑦；"晋、楚唯天所授，何患焉"（《春秋左传正义·成公十六年》）⑧；魏氏祖先毕

---

① 《国语》，上海古籍出版社1978年版，第597页。
② 《十三经注疏》，中华书局1982年版，第2022页。
③ 《国语》，上海古籍出版社1978年版，第591页。
④ 《国语》，上海古籍出版社1978年版，第510页。
⑤ 《十三经注疏》，中华书局1982年版，下册，第1750页。
⑥ 《十三经注疏》，中华书局1982年版，下册，第1887页。
⑦ 《十三经注疏》，中华书局1982年版，下册，第1895页。
⑧ 《十三经注疏》，中华书局1982年版，下册，第1918页。

万迁徙晋国,是"天启之也"(《春秋左传正义·闵公元年》)① 等。

特别是为证晋文公享有天命,《左传》《国语》记载晋文公流亡经过的齐国、卫国、曹国、宋国、郑国、楚国、秦国等都有所谓天命的征兆,除上面已经分析过的一条外,还有如下记载:"过卫,卫文公不礼焉,出于五鹿,乞食于野人,野人与之块,公子怒,欲鞭之,子犯曰:'天赐也。'稽首受而载之"(《春秋左传正义·僖公二十三年》)②;及其"天未绝晋,必将有主……天实置之"(《春秋左传正义·僖公二十四年》)③,"天之所启,人弗及也"(《春秋左传正义·僖公二十三年》)④,"天之所兴,谁能废之"(《国语·晋语四》)⑤ 等说。甚至连季孙氏这样的大夫也得到"天之赞","季氏之复,天救之也"(《春秋左传正义·昭公二十七年》)⑥ 的肯定。这些地方的"天授""天启""天赐""天置""天兴""天赞"都与西周的天命观在本质上没有差异,都是肯定上天对人与社会的主宰作用。但也与西周天命观不同,就是西周天命观讲受命于天的只是王朝的开创者,是普天之下所共尊的天子,而春秋时期能够获得天命的却是各国诸侯,甚至于是季孙氏这样的大夫。这与春秋时期周天子权威失落、礼崩乐坏的政治格局有直接关系。高岸为谷深谷为陵,以前专属周天子的天命,现在也被诸侯国的君王以至于大夫用来为自己作论证的理论,这从一个侧面说明天命观依然是人们所尊奉的思想观念,具有社会公认的权威性。

另一大类是对西周天命观的怀疑与突破,共有 7 条相关材料。其中怀疑天命有 1 条材料。逃亡在外的晋公子夷吾私会秦公子絷,表示自己可以用赏赐田地的方式取得国内大臣的支持,如果再加上"君(指秦公子絷)苟辅我",则"蔑天命矣",韦昭注:"蔑,无也,无复天命,在秦而已。"⑦(《国语·晋语二》)这是说能够得到公子絷代表的秦国方面的支持,天命也不在话下。这是蔑视天命,不相信天命,是春秋时期普遍怀疑天命的表现。这种蔑

---

① 《十三经注疏》,中华书局 1982 年版,下册,第 1786 页。
② 《十三经注疏》,中华书局 1982 年版,下册,第 1815 页。
③ 《十三经注疏》,中华书局 1982 年版,下册,第 1817 页。
④ 《十三经注疏》,中华书局 1982 年版,下册,第 1815 页。
⑤ 《国语》,上海古籍出版社 1978 年版,第 354 页。
⑥ 《十三经注疏》,中华书局 1982 年版,上册,第 2117 页。
⑦ 《国语》,上海古籍出版社 1978 年版,第 311 页。

视天命的观念,与《诗经》中记载的春秋时期人们怀疑否定天命的思潮,是完全一致的,这是人文思潮兴起的重要表现。但还不是对天命理论本身的突破。

对天命作出富含时代新意解释的有 6 条材料,其中有两条是将天命作为命运的同义词。

一条是陈国使臣公孙贞子出使吴国,在边境身亡,吴国不准公孙贞子的尸体入境,陈国芋尹盖在回应楚国时说:"若不以尸将命,是遭丧而还也,无乃不可乎,以礼防民,犹或逾之。今大夫曰:'死而弃之。'是弃礼也,其何以为诸侯主?先民有言曰:'无秽虐士。'备使奉尸将命,苟我寡君之命,达于君所,虽陨于深渊,则天命也,非君与涉人之过也。"结果是"吴人内之"(《春秋左传正义·哀公十五年》)①。这里所说的天命是指人生死祸福的意外,非人力所能改变,人只能接受。

一条是吴国季札面对阖闾弑君时所说,"苟先君无废祀,民人无废主,社稷有奉,国家无倾,乃吾君也,吾谁敢怨,哀死事生,以待天命,非我生乱,立者从之,先人之道也"(《春秋左传正义·昭公二十七年》)②。

这里所说的天命是一种已经出现的社会现实。这两条天命的含义指的是一种不可避免的人生意外、社会现实,带有个人不可抗拒、无可避免的性质,比较接近于后来所说命运。这一天命的含义已经没有上帝之令的含义,而是个人与社会生死存亡祸福际遇的命运,后来孟子讲的命就含有此意。

其中另外 3 条是将天命与道德联系为说的材料。看起来好像这是西周以德配天的观念的重现,但实际上却有很大的不同。第一条是王孙满的天祚有德的天命观:

楚子伐陆浑之戎,遂至于洛,观兵于周疆。定王使王孙满劳楚子。楚子问鼎之大小轻重焉。对曰:"在德不在鼎。昔夏之方有德也,远方图物,贡金九牧,铸鼎象物,百物而为之备,使民知神、奸。故民入川泽山林,不逢不若。螭魅罔两,莫能逢之,用能协于上下以承天休。桀有

---

① 《十三经注疏》,中华书局 1982 年版,下册,第 2174 页。
② 《十三经注疏》,中华书局 1982 年版,下册,第 2116 页。

昏德，鼎迁于商，载祀六百。商纣暴虐，鼎迁于周。德之休明，虽小，重也。其建回昏乱，虽大，轻也。天祚明德，有所厎止。成王定鼎于郏鄏，卜世三十，卜年七百，天所命也。周德虽衰，天命未改，鼎之轻重，未可问也。"（《春秋左传正义·宣公三年》）①

王孙满对楚王的僭越企图，提出义正词严的批评，以周鼎非天命所在，天命是由道德决定的，有德才会获得天命，失德就会失去天命，而且天命的长短是与德的休明成正比，明德越光大，享国就越长久，反之亦然。这是以德为天命的根本所在，天命长短以德的光大为转移，而不是仅以德为获取天命的手段之类。这是道德比天命更根本的新观念。

第二条是裨谌以善代不善为天命的说法：

十二月己巳，郑大夫盟于伯有氏。裨谌曰："是盟也，其与几何？《诗》曰：'君子屡盟，乱是用长。'今是长乱之道也。祸未歇也，必三年而后能纾。"然明曰："政将焉往？"裨谌曰："善之代不善，天命也，其焉辟子产？举不逾等，则位班也。择善而举，则世隆也。天又除之，夺伯有魄，子西即世，将焉辟之？天祸郑久矣，其必使子产息之，乃犹可以戾。不然，将亡矣。"（《春秋左传正义·襄公二十九年》）②

这是讲政治得失的背后，是善的道德力量在起作用，善取代不善，就是天命。这个天命完全是道德发生作用的天命，也就是说天命即道德，这就将天命完全与道德等同起来，天命即道德，而不是至上神。

第三条是范文子国家存亡的天命在德的观念：

鄢之役，荆压晋军，军吏患之，将谋。范匄自公族趋过之，曰："夷灶堙井，非退而何？"范文子执戈逐之，曰："国之存亡，天命也，童子何知焉？且不及而言，奸也，必为戮。"苗贲皇曰："善逃难哉！"既退荆

---

① 《十三经注疏》，中华书局1982年版，下册，第1868页。
② 《十三经注疏》，中华书局1982年版，下册，第2008页。

师于鄢，将谷，范文子立于戎马之前，曰："君幼弱，诸臣不佞，吾何福以及此！吾闻之，'天道无亲，唯德是授'。吾庸知天之不授晋且以劝楚乎，君与二三臣其戒之！夫德，福之基也，无德而福隆，犹无基而厚墉也，其坏也无日矣。"①（《国语·晋语四》）

范文子认为国家的存亡是由天命决定的，但他没有从至上神的角度去解说天命，而是以道德的因素来解释国家存亡的天命得失。这三条材料都表达一个概念，天命与至上神无关，而是由道德决定的。在天命新解的六条材料中，有三条是与道德联系为说，证明从人的道德来解构西周的天命观，是春秋时期天命观的主流，这也是春秋时期特重道德在天命观的反映。

最有意义的一条言天命的材料，是就秦伯派遣的医和为晋平公治病而发。在《左传》《国语》中都有相关记载，《左传》记载医和讲天命一次："良臣将死，天命不佑"（《春秋左传正义·昭公元年》）[②]，《国语》记载"良臣不生，天命不佑"（《国语·晋语八》）[③] 有两次，这三次言天命都是同一含义，所以，这三条言天命的材料可以算作一条来处理。而天命不佑的含义是讲天命不保佑无守时节者，这是以时节为天命的规定。所谓时节，是本于自然之天包含天人共同作用的混合物。

晋侯求医于秦。秦伯使医和视之，曰："疾不可为也。是谓：'近女室，疾如蛊。非鬼非食，惑以丧志。良臣将死，天命不佑'"公曰："女不可近乎？"对曰："节之。先王之乐，所以节百事也。故有五节，迟速本末以相及，中声以降，五降之后，不容弹矣。于是有烦手淫声，慆堙心耳，乃忘平和，君子弗听也。物亦如之，至于烦，乃舍也已，无以生疾。君子之近琴瑟，以仪节也，非以慆心也。天有六气，降生五味，发为五色，征为五声，淫生六疾。六气曰阴、阳、风、雨、晦、明也。分为四时，序为五节，过则为灾。阴淫寒疾，阳淫热疾，风淫末疾，雨淫

---

① 《国语》，上海古籍出版社1978年版，第421页。
② 《十三经注疏》，中华书局1982年版，下册，第2024—2025页。
③ 《国语》，上海古籍出版社1978年版，第478页。

腹疾，晦淫惑疾，明淫心疾。女，阳物而晦时，淫则生内热惑蛊之疾。今君不节不时，能无及此乎？"出，告赵孟。赵孟曰："谁当良臣？"对曰："主是谓矣！主相晋国，于今八年，晋国无乱，诸侯无阙，可谓良矣。和闻之，国之大臣，荣其宠禄，任其宠节，有灾祸兴而无改焉，必受其咎。今君至于淫以生疾，将不能图恤社稷，祸孰大焉！主不能御，吾是以云也。"赵孟曰："何谓蛊？"对曰："淫溺惑乱之所生也。于文，皿虫为蛊，谷之飞亦为蛊。在《周易》，女惑男，风落山，谓之《蛊》。皆同物也。"赵孟曰："良医也。"厚其礼归之。（《春秋左传正义·昭公元年》）①

平公有疾，秦景公使医和视之，出曰："不可为也。是谓远男而近女，惑以生蛊；非鬼非食，惑以丧志。良臣不生，天命不佑。若君不死，必失诸侯。"赵文子闻之曰："武从二三子以佐君为诸侯盟主，于今八年矣，内无苛慝，诸侯不二，子胡曰'良臣不生，天命不佑？'"对曰："自今之谓。和闻之曰：'直不辅曲，明不规暗，拱木不生危，松柏不生埤。'"吾子不能谏惑，使至于生疾，又不自退而宠其政，八年之谓多矣，何以能久！文子曰："医及国家乎？"对曰："上医医国，其次疾人，固医官也。"文子曰："子称蛊，何实生之？"对曰："蛊之慝，谷之飞实生之。物莫伏于蛊，莫嘉于谷，谷兴蛊伏而章明者也。故食谷者，昼选男德以象谷明，宵静女德以伏蛊慝，今君一之，是不飨谷而食蛊也，是不昭谷明而皿蛊也。夫文，'虫''皿'为'蛊'，吾是以云。"文子曰："君其几何？"对曰："若诸侯服不过三年，不服不过十年，过是，晋之殃也。"是岁也，赵文子卒，诸侯叛晋，十年，平公薨。（《国语·晋语八》）②

《左传》与《国语》这两段话中三处良臣，指的都是晋国执政赵文子，也附带指晋平公而言，即天命不佑的对象。医和是肯定赵文子为良臣的，但又断言他得不到天命的庇佑，这一断言在第二年就被验证了，晋平公也如预言十

---

① 《十三经注疏》，中华书局1982年版，下册，第2024—2025页。
② 《国语》，上海古籍出版社1978年版，第473—474页。

年后离世。天命不佑，是有悖天命带来的后果。作为良臣的赵文子究竟怎样悖逆天命？综合这两段话，医和讲了两个方面的理由。第一，是自然之天的因素。所谓天有阴、阳、风、雨、晦、明六气，由六气降生五味，发为五色，征为五声，分为四时，序为五节，人必须遵循天的时节，及其依时节而生发的五味、五色、五声，否则，就会淫生六疾，过则为灾。判断淫与过，在于是否合乎平和、中的准则。这就将遵循天的时节，上升到守中的方法论，具有普遍的意义。

第二，是由天的时节及其守中观念，引申到政治、人生。在政治上就是君臣都要值守各自的本分，执政不能荣其宠禄、任其宠节，面对君王政治失误，不闻不问，而应该以直辅曲，以明规暗，若人臣不劝谏君主的失误，也将与无德的君主一样得不到天命的庇护；在人生上，顺应天时节气，守中不过度，才可颐养天年，如晋平公贪恋女色，不分昼夜沉迷女色，就会产生不可医治的惑蛊之疾，呜呼哀哉。

为了说明在政治、人生不守时节，不遵循中的准则所造成的惑蛊之疾的危害，医和还特别通过"蛊"字的训诂，来解说其淫溺惑乱之义。不守时节，就会丧生，天命不佑，具有医学的养生、重生之义，但治病养生的医生只是下医，医和却是医国的上医，所以，医和讲天命不佑的意义更在于治国。从他反对君主贪恋女色骄奢淫逸，主张人臣劝谏人君过失来看，他的政治理念，显然包含以道德规范君臣言行的意义。通观医和的论说，他所说的天命，包含自然，也包括人与社会，具有政治、道德、养生多种因素。这是春秋时期天观念的变化在天命观上最全面的表现，最具时代特色。

从春秋时期言天命的12则材料可见，西周以天为上帝的天命观在春秋时期还存在，但只有5条材料；人们更多的是从人与自然特别是人的道德方面，来言说天命，有7条材料。西周的天命只是上帝之令，春秋时期则变为主要指包含天与人多层含义的多元观念，所以，这是一种新天命观。自此以后，言天命的内涵都不出春秋时期的基本内容。

（黄开国，四川师范大学哲学学院教授，中国实学研究会理事）

从王国维"清学三变说"看
《皇朝经世文编》经世学谱系

马晓见

摘 要　本文借助王国维著名的"清学三变说"，尝试梳理魏源编成于1826年的《皇朝经世文编》诸篇选文之间的经世学谱系。"国初期"的顾炎武实为灵魂人物，其文章多定下全书基本倾向，如崇实学、重民生、变风气、重礼学等。"国初期"的唐甄理论尖锐，其抑君权、男女平等等理论倾向也为全书所吸收。"乾嘉期"的戴震、段玉裁作为不关心经世的考据学人物，被描绘为误入歧途，而编经世文集的先驱人物陆燿与桐城派则被肯定。此外，政界奏议也在吸收之列。"道咸期"的龚自珍与编者魏源代表着经世新动向，他们更加关心当代，关心礼乐制作的根源，并展示出对军事的浓厚兴趣。

关键词　《皇朝经世文编》　清学三变说　经世学谱系　顾炎武　魏源

王国维在《沈乙庵先生七十寿序》里勾勒出清代学术的"三变"。第一变生于明清鼎革，"多胜国遗老，离丧乱之后，志在经世，故多为致用之学"，而顾炎武为其中代表："亭林之学，经世之学也，以经世为体，以经史为用。"第二变发生于乾嘉时期，代表人物为戴震与钱大昕，他们当国家鼎盛之时，不再有强烈的经世抱负，其学问取向为"经史之学也，以经史为体，而其所得往往裨于经世"。第三变之时，国势渐倾颓，士大夫于是"有国初诸老经世之志"。这段时期的学问,"言经者,及今文,考史者,兼辽金元,治地理者,逮四裔,务为前人所不为"。代表人物为龚自珍、魏源,他概括说"道咸以降之学新"。不过,王国维不认为龚、魏是开创者,他以为,龚、魏之学"乃二派之合而稍偏至者"①,欲求其源头,须从前两变入手。

王国维的三变以"经世"为基准,寥寥数语就勾勒了一幅清代经世学谱系。但是,王国维的讨论较简略,限于其《沈乙庵先生七十寿序》(以下简称"寿序")篇幅,也不可能提供具体内涵。其实,尽管强调"经世"可以追溯到顾炎武那一代,但真正将"经世"二字突显出来而开一代风气的清代著作,非《皇朝经世文编》莫属。该书成于1826年,由魏源受江苏布政使贺长龄嘱托而编,共一百二十卷,文章两千余篇,来自明末清初以下作者六百余人,分学术、治体、吏、户、礼、兵、刑、工八纲。刊刻后,数十年间风行海内,"有心于经济者几乎家有其书"。至20世纪初,光是各种"续皇朝经世文编"就多达近二十部。然而,因为该书卷帙浩繁,其思想总体倾向难以把握。当代研究里,一般仅仅将其视作文献汇编,较少讨论其实质性经世内容。

其实,《皇朝经世文编》(以下简称"经世编")如此广泛地搜罗了清代经世文章与经世作者,恰恰可以从中发掘出上至清初、下至1826年的经世学谱系。只是该谱系尚在《经世编》里分散存在,有待于被组织。本文以王国维关注"经世"的"清学三变说"为参照系,尝试组织梳理《经世编》自带的这个"经世学谱系",并附带检省王国维"清学三变说"与此的异同。故本文按王说,先考察"国初"时期,再及"乾嘉"时期,再及最后的龚、魏。

一 明末清初时期的经世学渊源

1. 顾炎武:《经世编》的灵魂人物

顾炎武堪称《经世编》的灵魂人物。就数量而言,《经世编》所选编的

---

① 王国维:《观堂集林》(外二种),河北教育出版社2003年版,第574页。

顾炎武文章多达几十篇,诸作者里首屈一指,且遍布于八纲之内。就思想内核而言,经世学的"经世精神"直承自顾炎武。《学术一·原学》所收录的顾炎武弟子潘耒《日知录序》里,开篇即要求区分"通儒"与"俗儒",其推崇顾氏,不遗余力:"昆山顾宁人先生,生长世族,少负绝异之资,潜心古学,九经诸史略能背诵,尤留心当世之故,实录奏报,手自钞节;经世要务,一一讲求。""当代文人才士甚多,然语学问,必敛衽推顾先生。凡制度典礼,有不能明者,必质诸先生。天下无贤不肖,皆知先生为通儒也。"①

"经世要务,一一讲求",正是《经世编》的真实写照。学为"通儒",也正是《经世编》的学问追求。在许多重要问题上,顾炎武的观点代表着《经世编》的整体倾向。以下选取三文,略窥顾炎武于《经世编》中的地位。

《学术一·原学·与友人论学书》出自顾炎武。该文针对理学心学末流好谈、妄谈"心性"的弊病,要求重新定义"圣人之道"。该文指出,"命与仁,夫子之所罕言也。性与天道,子贡之所未得闻也。性命之理,著之《易》传,未尝数以语人"。这是因为,关于性命天道的学问,属于儒学里最高级的学问,绝不是大多数人可以轻易通晓的,孔子也并不会以此来进行普遍教育。顾炎武指出,儒学学习的方式是"下学而上达"的方式,需要有大量的次级知识、工夫来作为支撑。"其答问士也,则曰'行己有耻'。其为学,则曰'好古敏求'。其与门弟子言,举尧舜相传所谓'危微精一'之说,一切不道,而但曰:'允执厥中,四海困穷,天禄永终。'呜呼!圣人之所以为学者,何其平易而可循也!"然而在晚明,天道性命却在被无差别地奢谈。顾炎武评价这些人说"是必其道之高于夫子,而其门弟子之贤于子贡"。由此,顾炎武提出自己理解的"圣人之道":

> 愚所谓圣人之道者如之何?曰"博学以文",曰"行己有耻"。自一身以至于天下国家,皆学之事也;自子臣弟友以至于出入往来、辞受取予之间,皆有耻之事也。耻之于人大矣!不耻恶衣恶食而耻匹夫匹妇之不被其泽。故曰:"万物皆备于我矣,反身而诚。"呜呼!士而不先言耻,则为无本之人;非好古而多闻,则为空虚之学。以无本之人而讲空虚之

---

① 《魏源全集》,岳麓书社2004年版,第13册,第47页。

学，吾见其日从事于圣人而去之弥远也。

圣人之道在"博学"、在"有耻"。"博学"得其实，"有耻"得其本。耻于"匹夫匹妇之不被其泽"，而"实"于"好古而多闻"。如此理解的"本"与"实"，才是"圣人之道"的根本取向。值得注意的是，如此理解的"本"与"实"，也正是《经世编》所呈现的经世学的根本立场。

《治体二·原治下·历代风俗》节选自《日知录》，由编者拟定标题，旨在凸显风俗问题对于政治的根本意义。其言：

> 嗟乎！论世而不考其风俗，无以明人主之功。……东京之末，节义衰而文章盛……蔑礼法而崇放达，视其主之颠危若路人然……以至于国亡于上，教沦于下，羌、戎互僭，君臣屡易，非林下诸贤而谁咎哉？
>
> 有亡国，有亡天下，亡国与亡天下，奚辨？曰：易姓改号谓之亡国。仁义充塞，而至于率兽食人，人将相食，谓之亡天下。魏晋人之清谈，何以亡天下？是孟子所谓杨、墨之言，至于使天下无父无君而入于禽兽者也。……是故知保天下，然后知保其国。保国者，其君其臣，肉食者谋之；保天下者，匹夫之贱与有责焉耳矣。[①]

这段著名的"亡国亡天下"之辨，被晚清概括为"天下兴亡，匹夫有责"，并以之来动员中国人救华夏文明。但此处顾炎武旨在讨论"变风俗"。因为正是旨在讨论"风"，顾才指出东汉末年"教沦于下"，而玄学清谈可以亡天下。《经世编》里，风俗问题处于相当根本的位置。如道光朝桐城派的管同所作《治体一·原治上·拟言风俗书》即指出："风俗正然后伦理明，伦理明然后忠义作。"该文还特别针对道光时即已经存在的要求变更"法度"的声音说："天下士嚣然争言改法度，夫风俗不变，则人才不出，虽有法度，谁与行也？"[②] 又如《治体一·原治上·富民》讨论如何解决贪官污吏："治贪之

[①] 《魏源全集》，岳麓书社2004年版，第13册，第335—339页。
[②] 《魏源全集》，岳麓书社2004年版，第13册，第319—320页。

道，赏之不劝，杀之不畏，必渐之以风。"① 这些文章，均可视为风俗问题的延续。

《礼政一·礼论·仪礼郑注句读序》一文要求转变陆王心学以下唯知尊德性的学风，以求归本于《仪礼》。其言："礼者本于人心之节文，以为自治治人之具。""三代之礼，其存于后世而无疵者，独有《仪礼》一经。"然而，王安石科考罢《仪礼》，而陆九渊倡言心学，这些看似"外在"的"自治治人之具"不再被重视。于此，顾炎武表彰了一位独求礼经与郑玄注的济南"张处士"，而论其书《仪礼郑注句读》：

> 后之君子因句读以辨其文，因文以识其义，因其义以通制作之原，则夫子所谓以承天之道而治人之情者，可以追三代之英，而礼亡之叹，不发于伊川矣。如稷若者，其不为后世太平之先倡乎！②

顾炎武不仅要求深究礼，还要求深究礼之"所以然"。"制作之原""太平之先倡"这些更具政治哲学深度的问题，至少预示着清代学术的内在方向。值得一提的是，这位顾炎武表彰的张稷若，正是贡献《经世篇》开篇第一文《辨志》的张尔岐。

有研究者指出，清代学术存在着"礼学复兴"这一脉络，且"礼学复兴"与反省王学末流、崇尚实学内在一致。③《经世编》里，在"学""治""礼"三纲内，均广泛强调"礼"对修身与治国的重要性。如《学术一·原学·中庸论》即提出，君子中庸的路径，不在于虚悬一理，而在于躬行于礼，并由之"发而皆中节"。汉儒取《中庸》入《礼记》的做法，正合于"克己复礼为仁"。而《礼政一·礼论·原治》则指出，三代民逸乐，实由于圣王善于制礼。其礼"原情而为之节，因事而为之防"，"其理自然也"。于是，"先王之制礼也甚繁，而其行之也甚易；其操之也甚简，而施之也甚博"。④ 此外，

---

① 《魏源全集》，岳麓书社2004年版，第13册，第319—320页。
② 《魏源全集》，岳麓书社2004年版，第16册，第32—33页。
③ 参见潘斌《明清之际学风的嬗变——以礼学兴起为中心的探讨》，《史学月刊》2021年第8期。
④ 《魏源全集》，岳麓书社2004年版，第16册，第6—7页。

《礼政一·礼论》里收录的许多奏疏的名字，明显体现着"礼与其奢也宁俭"的精神，如《行俭论》《定制崇俭疏》《杜奢疏》等，莫不如此。可以说，《经世编》吸收了上溯至顾炎武的这条"礼学复兴"的脉络。

王国维以顾炎武为经世学鼻祖，与《经世编》高度吻合。顾炎武堪称《经世编》灵魂人物，且其学问取向，如崇尚实学、重视泽惠百姓、要求整肃风气、重视礼学等倾向，均被《经世编》吸收为全书基本倾向。尤其是崇尚实学和重视泽惠百姓，可称全书信条。崇尚实学，规定了经世学的内容；重视惠泽百姓，规定了经世学的目的。

2. 作为"畸民"的唐甄

《经世编·叙》里曾表示，选文来自社会各阶层，比如"畸民"。这里，"畸民"并非贬义。《庄子·大宗师》："畸人者，畸于人而侔于天，故曰，天之小人，人之君子；人之君子，天之小人也。"所谓"畸"，郭象注为"乖异人伦，不耦于俗"①。《经世编》里，唐甄于此最为突出。

唐甄，明末清初人，著作《潜书》，上篇论学术，阐发了"尽性"与"事功"相统一的心性之学；下篇论政治，旨在讲求实治实功。尽管他依然推崇孔孟，但其对君主专制的激烈抨击历来受研究者重视。如《潜书·止杀》言："自秦以来，凡为帝王者皆贼也。""周秦以后，君将豪杰，皆鼓刀之屠人。"《治体一·原治上》选唐甄文章多达五篇，可见唐甄之于《经世编》政治原理的重要性：

《权实》："权者，圣人之所借以妙其用者也。"②
《尚朴》："毋立教名，毋设率形，使民日由善而不知。"③
《抑尊》："天子之尊，非天帝大神也，皆人也。"④
《备孝》："以言乎所生，男女一也。"⑤

---

① 郭象注，成玄英疏，曹础基、黄兰发点校：《南华真经注疏》，中华书局1998年版，第158页。
② 《魏源全集》，岳麓书社2004年版，第13册，第284页。
③ 《魏源全集》，岳麓书社2004年版，第13册，第290页。
④ 《魏源全集》，岳麓书社2004年版，第13册，第354页。
⑤ 《魏源全集》，岳麓书社2004年版，第16册，第314页。

唐甄的这些说法,确有其"畸"。比如,《尚朴》里,唐甄就认为天子绝非高高在上,应当将天子还原回人间。《备孝》认为,男女由天所生,本无不同。这也是相当早的男女平等的说法。

唐甄关于君主皆人和男女平等的说法,尽管不能说就是《经世编》的理论原则,但确实就是其理论倾向的最激进表达。就君主问题而言,《抑尊》的主旨在于澄清现实君主地位过于尊贵,为了善治,有必要拉近君主与百姓的距离。该篇为《治体三·政本上》第二篇文章,而这个版块的二十余篇文章,明显与"抑尊"有内在联系:其下第三篇为熊伯龙《纳谏》:"谏官,国之威神也。凡天下大奸大害之所伏,其始也,以谏官折之而有余;其后也,以君相制之而不足。"[1] 其后二十五篇均为清代臣下诫帝王的奏疏,例如讨论灾异的劝诫作用、请开言路、请止北巡等。

可以看出,只有在"抑尊"之后,才可能有谏官的崇高地位,这些诫帝王的奏疏才有分量。而"抑尊"的理论基础,便在于"天子皆人"。值得补充的是,唐甄的君主观与顾炎武接近。顾炎武《学术三·法语·说经》言:"为民而立之君,故班爵之意,天子与公、侯、伯、子、男一也,而非绝世之贵。"[2]《备孝》出自《礼政七·家教》,在《礼政七·家教》与《礼政八·昏礼》中的礼仪讨论,均颇为重视妇女礼仪问题。其中,章学诚《妇学三则》与任启运《女教经传通纂序》,均旨在强调妇女礼仪教育的合法性。这无疑是对传统上根据男尊女卑而轻视妇女教育的反动。在此,唐甄的"男女一也"的说法在理论上走得最远。

《经世编》里还有其他一些作者,尽管其文不"畸",但只怕其人被目为"畸",比如明遗民魏禧、魏礼、魏际瑞三人均有多篇文章被收录,而他们合称"宁都三魏",有《宁都三魏全集》,怀念明朝,为清代禁书,此为政治态度之"畸"。

由此而言,《经世编》择人择文,颇重视明清之际的思想家。通过唐甄的文章,《经世编》的"经世"内容,时常流露出反传统、反专制的色彩。《寿序》概括说"国初之学大",这个评价可概括顾炎武,却不可概括唐甄。唐甄

---

[1] 《魏源全集》第 13 册,岳麓书社 2004 年版,第 356 页。
[2] 《魏源全集》第 13 册,岳麓书社 2004 年版,第 333 页。

与其说"大",不如说"畸"。正是这种"畸",为后来《海国图志》大异习俗地赞美美国"无君"的政治、赞美西洋的一夫一妻无妾制做好了准备。

二 《经世编》的取与舍

1. 挑战考据学：戴震、段玉裁、陆燿与"汉宋之争"

《经世编》不录戴震一文,与其说是疏忽,不如说是魏源的取舍态度。在前文论及的《与友人论学书》最后,《经世编》编者下了一条按语:"国初承明季之弊,故其言如此。至于近日,而违行己之耻与置四海之困穷者,又不在内心之儒,而在徇末之士矣。"① 顾炎武针对着明末王学末流空谈性理,而魏源面对他的时代,根据求"实"、求"本",将批判的矛头对准了当世的"徇末之士"——乾嘉考据学。

魏源不取戴震作品,原因何在?《经世编》里就暗含答案。戴震在《经世编》里并未全然隐身,陆燿的《复戴东原书》当可视为《经世编》与考据学的分野之所在。文中,陆燿与戴震往来讨论宋学得失。该文开篇即言:"来教举近儒理欲之说,而谓其以有蔽之心发为意见,自以为得理,而所执之理实谬,可谓切中俗儒之病。"可见,陆燿相当认可戴震对程朱理欲观的批评。但是,陆燿并未抛弃宋学:"若尽举朱子之创社仓、行荒政、难进易退、知无不言,与象山之孝友于家、化行于民,阳明之经济事功、彪炳史册,以为理学真儒之左契,则夔相之囹廓有存者矣。"②

陆燿何人?《切问斋文钞》何书?陆燿所编《切问斋文钞》是《经世编》体例的直接模仿对象。《经世编》影响虽巨,但并非该类文集的始作俑者。《经世编·五例》即提及其体例部分借鉴于陆燿的《切问斋文钞》。已有学者指出,《切问斋文钞》对于《经世编》的意义值得重视。③

陆燿,乾隆时举人,以清节为天下第一,提倡"崇实黜虚"。其编《切问

---

① 《魏源全集》,岳麓书社2004年版,第13册,第38—39页。
② 《魏源全集》,岳麓书社2004年版,第13册,第74页。
③ 参见周积明、傅才武《陆燿与〈切问斋文钞〉》,《求索》1998年第3期。

斋文钞》刊于1755年，其选文宗旨为"明治道，存同异，贵有用"。分为学术、风俗、河防等十二门。此前陈子龙所编《皇明经世文编》多限于具体政事。而陆燿一大突破在于，先立"学术"为第一门。如此安排，意在表明经世学问并非"末"学，而实有其学术归本。①《经世编》同样如此。《切问斋文钞》的开篇即选录张尔岐的《辨志》，《经世编》也同样如此。这些均可视作魏源对陆燿的继承与致敬。

陆燿与戴震同时。《切问斋文钞》编成时，考据学如日中天，而戴震又为皖学宗师。陆燿赠《切问斋文钞》于戴震望其斧正，颇有以实用之学戒考据之意。与经世文编先驱陆燿的态度相一致，《经世编》展示的不是考据学的繁荣，而往往是考据家晚年对考据的自我反省。如戴震后人戴祖启的《答衍善问经学书》旨在讨论经学学习本义。该文指出，学经本应诵经文，玩注释，反之于身心，再施行于民物。而当时风气却往往不顾六经，但以小学与地理相考辨。由是其言：

> 吾家东原盖痛悔之，晚婴末疾，自京师与余书曰："生平所记都茫如隔世，惟义理可以养心耳。"又云："吾向所著书，强半为人窃取。不知学有心得者，公诸四达之衢，而人不能窃也。"②

依此，戴震晚年深悔早年考据支离，而尤其强调"义理养心"。《经世编》又收录段玉裁文章两篇，均后悔或反省于考据学。其《朱子小学跋》言：

> 玉裁不自振作，少壮之时，好习辞章，坐耗岁月。三十六乃出为县令，不学而仕者十年，政事无可纪。……归里而后，人事纷糅，所读之书又喜言训故考核，寻其枝叶，略其根本，老大无成，追悔已晚！……垂老耄，敬谨翻阅，绎其指趣，以省平生之过，以求晚节末路之自全。③

---

① 参见周积明、傅才武《陆燿与〈切问斋文钞〉》，《求索》1998年第3期。
② 《魏源全集》，岳麓书社2004年版，第13册，第74页。
③ 《魏源全集》，岳麓书社2004年版，第13册，第72—73页。

正如阳明《朱子晚年定论》实非朱子晚年定论，《经世编》里的这些文字，也不必深究其情。在考据学面前，《经世编》力图恢复起理学心学经世致用方向的尊严。与此相应，在著名的"汉宋之争"上，《经世编》倾向清代"宋学"。如姚鼐《学术二·儒行·赠钱献之序》一文，其言"当明佚君，乱政屡作，士大夫维持纲纪，明守节义，使明久而后亡，其宋儒论学之效哉！"①

该文与桐城派缘起实有莫大关联。《经世编》文章不少来自桐城派，方苞《学术一·原学上·传信录序》言"古之所谓学者，将明诸心以尽在物之理，而济世用；无济于用者，则不学也"②。朱子所言"吾心之全体大用"，在经世学的"济用"的维度上被推崇。《经世编》里，数篇文章均在反击汉学对朱子学的攻击。如《记收书目录后》深病朱彝尊、毛奇龄以来的汉学门户之见。又如《文士诋先儒论》则挑明，汉学若不是因为担心犯众怒，只怕攻程朱后还要攻六经。③

《寿序》以为，戴震钱大昕之学"以经史为体，而其所得往往裨于经世"。同时将龚、魏学问理解为"乃二派之合，而稍偏至者，其开创者仍当于二派中求之焉"④。就《经世编》情况而言，该观点偏差较大。《寿序》未仔细考虑魏源经世学对考据学的强烈拒斥态度，以及对"宋学"桐城派的欣赏。

2. 政界奏议

大部分《经世编》文章来自思想界，但也有相当部分来自政界。例如"治体三"至"治体八"里，超过一半都是奏疏。孙嘉淦"三习一弊疏"，被誉为清代奏疏第一，即选入《治体三·政本上》。

鄂尔泰，满族，康熙侍卫，官至保和殿大学士，配享太庙。《吏政一·吏论上》收其关于用人问题的两道奏疏《论人材疏》《论用人疏》。鄂尔泰奏疏里对政治的理解，其基本精神与民本、经世亦颇为符合。其言："伏念国家设官分职，凡以为民耳。""但能利民，则宽严水火，皆所以为仁。"

关于何为大事，其言："窃惟国家政治，只有理财一大事。"并进而指出

---

① 《魏源全集》，岳麓书社2004年版，第13册，第62页。
② 《魏源全集》，岳麓书社2004年版，第13册，第44页。
③ 《魏源全集》，岳麓书社2004年版，第13册，第81页。
④ 王国维：《观堂集林》（外二种），河北教育出版社2003年版，第574页。

理财端赖用人。正是在如何"用人"的问题上，鄂尔泰提出了有些反常识的观点——尽管廉吏、清官名声好，但未必就能利民。

> 盖谬拘臆见，薄务虚名，不以民事为事，不以民心为心，固未有能奏效者。恐廉吏与贪吏罪相等，好事较误事害更大。见小不成，欲速不达，莫之或出此矣。
> 朝廷设官分职，原以济事，非为众人藏身地。但能济事，俱属可用，虽小人亦当惜之、教之。但不能济事，俱属无用，即善人亦当移之、置之。臣尝对属僚言，贪官之弊易除，清官之弊难除。实缘贪官坏事，人皆怨恨，乐于改正；清官误事，人犹信重，碍即更张也。①

为政在于"济事""利民"，清廉官吏尽管能有好名声，但未必能把利民落到实处。鄂尔泰尤其指出，在需要"更张"的时候，不作为的贪官容易惩戒，可不作为的清官因为其名声好，反而无法惩戒，以至于变成改革的阻碍。

《治体一·原治上·殿试策》，是储方庆于康熙六年科举殿试时所作。储方庆借着殿试策，披肝沥胆向康熙进言。该策在指出问题前，先做了相当长的铺垫。其言，人君雷霆之威，往往使得"天下之事不能言者常少，不敢言者常多"。他替自己说："然其言利于人主耳，利于人主之国家耳，利于人主之子孙百姓耳，非有利于言者也。"继而他指出第一个弊病："臣以为方今用人，无所谓才也，地而已矣。"

> 陛下诚有意于得天下之真才，则当论天下之才，不当论满汉之地。满人才，不必参之以汉人也；汉人才，不必临之以满人也。今自三公九卿，为陛下之凝丞辅弼者，莫不并列满汉之名。督抚大臣，则多寄于满人，而汉人十无二三焉。②

有清一代，民族问题最为敏感，屡次文字狱即可见一斑。储方庆于殿试策里

---

① 《魏源全集》，岳麓书社2004年版，第14册，第18—21页。
② 《魏源全集》，岳麓书社2004年版，第13册，第311—312页。

从王国维"清学三变说"看《皇朝经世文编》经世学谱系

直言此事,堪称冒死进言。唐甄《抑尊》言:"直言者,国之良药也;直言之臣,国之良医也。"① 储氏不愧此言。他指出,朝廷过于区分民族,压制汉族人才,不是"天下主"治国的方式。后来章太炎曾讥讽魏源谄媚清廷,仅看此疏,可知其评价绝非公允。不过,《经世编》在此更具体地着眼于"人才"问题,而非康、章在更理论性的"民族"问题上讨论此问题。

《经世编》经世思想谱系里,这些颇有见识的奏疏不可忽视。《寿序》言龚、魏思想源流,仅及顾炎武与戴震等,未及贤能之臣这一群体。此外,魏源对戴震其学强烈不满的缘由,尚值得讨论。《寿序》提出戴震之学"往往裨于经世",并非误判。洪榜就评价戴震"抱经世之才"。魏源与戴震在经世意识上的差别,至少有两点。其一,考据学更侧重于书本知识,而《经世编》里包含着大量实践性知识,这些知识往往超出书本,例如下文将讨论的"政界奏议"。其二,引发考据学埋头于书本的政治情势有变化。正如章太炎评价魏源攻击考据学"无用"时所言,考据学本身对清朝统治采取了疏离的态度。

乾隆即反感程颐认为宰相应当"以天下治乱为己任"②,而考据学便于此退缩。但是,《经世编》的基本精神,恰恰是对乾隆这种态度的挑战。其开篇《辨志》即言,"学者一日之志,天下治乱之原,生人忧乐之本矣"③。这种态度能够确立,当然也与清朝思想钳制的松动有关系。

但在此,《经世编》对经世实践的态度确实就比考据学积极得多,同时,也相对与清廷走得更近,比如接纳这些"政界奏议"。就这种"以天下治乱为己任"的精神而言,反而是理学、心学更接近于《经世编》,尽管这种理学、心学尚需要被经世学改造。在此,在顾炎武所倡导的经世精神之下,宋明儒学又被重新包容了进来。

在此基础上,《默觚》对考据学的批评才能被准确理解:

以诂训音声蔽小学,以名物器服蔽《三礼》,以象数蔽《易》,以鸟兽草木蔽《诗》,毕生治经,无一言益己,无一事可验诸治者乎?……吾

---

① 《魏源全集》,岳麓书社2004年版,第13册,第355页。
② 吴通福:《经世、考证与义理——乾嘉新义理学宏观特征的再检讨》,《求索》2006年第10期。
③ 《魏源全集》,岳麓书社2004年版,第13册,第2页。

不谓先王之道不在是也，如国家何？①

问题的关键不在于局限于书本的探究，而在于"验"：经世之学如果不发为行动，谁能判断思考者们所探讨的先王之道到底是不是准确的先王之道？《经世编·叙》的基本精神就在于强调"验"，知识必须发为行动，其中，有"自治"，有"外治"，"善言心者，必有验于事矣。""善言古者，必有验于今矣。"② 除了作为书本的"六经"，还有世界："《六经》忧患书，世界忧患积。"③

考据学并非不"验"，但往往验于书本之间。魏源的经世学强调"验"，是要求验于为政。魏源与考据学一样，要求"真知识"。所以，这个部分实质上可以理解为，魏源扭转了考据的方向，把考据的精神用于为政。

三 龚与魏：新一代经世学的动向

在龚自珍与魏源的文章里，特别能看到经世学的新动向。在《经世编》文章作者部分，龚、魏被排在一起，共收三十篇。其中，龚自珍政治理论三篇，魏源学术理论两篇。两人均关注边疆问题：龚有六篇讨论蒙古，而魏则有四篇讨论漕粮海运。有研究者指出，正是《经世编》的这部分内容为魏源日后亲身参与运筹的漕粮海运改革提供了思想基础。④ 但更重要的是，龚、魏文章里均有一半以上属于"兵"。可以说，新一代经世学展示了对军事的浓厚兴趣。

龚自珍《著议》是一篇重新定义学问范围与学者身位的文章，位于《学术一·原学》。龚自珍认为，三代之时，所有的"学"均不出王者之治。"是道也，是学也，是治也，则一而已矣。"为了确立这个立场，他基于三代的典

---

① 《魏源全集》，岳麓书社2004年版，第12册，第23页。
② 《魏源全集》，岳麓书社2004年版，第13册，第1页。
③ 《魏源全集》，岳麓书社2004年版，第12册，第501页。
④ 参见刘兰肖《〈皇朝经世文编〉与魏源经世思想的成熟》，《云南民族大学学报》（哲学社会科学版）2004年第1期。

范政治，重新解释定义了诸如"法""卿大夫""士""师儒""法先王""道"等词语的内涵。所有这些，都围绕先王立法及其解释。例如，王者之子孙为后王，而士与师则传习彰明先王法意的学问。龚自珍相当强调这种学与治的一致性，并由此划定学问者的学问重心。"陈于王，采于宰，信于民，则必以诵本朝之法，读本朝之书为率。"

必须追问的是，龚自珍在这里所说的"三代之治"，究竟是与现实历史无涉的三代，还是就是现实历史中的三代？按其本义，就是现实历史中的三代。唯有如此理解三代之治，我们才能理解《著议》下文龚自珍对孔子从周的赞美以及对其他儒者的批评。何以孔子对周公念兹在兹，龚自珍解释说："以孔子之为儒而不高语前哲王，恐蔑本朝以干戾也。"

周之于孔子，正如清之于龚自珍。龚自珍是站在清朝内部的立场，做出这些告诫的。换言之，士人必须去探究清代的先王之法，以成就清代之治，以现实地将清代建设为三代。站在这个立场上，龚自珍批评当时的儒者："生不荷櫌锄，长不习吏事，故书雅记，十窥三四，昭代功德，瞠目未睹，上不与君处，下不与民处。"正是对眼前的政治世界越发无知，士、儒开始变成了独立群体，脱离了其本义：

> 由是士则别有士之渊薮者，儒则别有儒之林囿者，昧王霸之殊统、文质之异尚。其惑也，则且援古以刺今，嚣然有声气矣。是故道德不一，风教不同，王治不下究，民隐不上达。国有养士之资，士无报国之日。殆夫，殆夫！终必有受其患者，而非士之谓夫？①

士不仅放弃了自己的本职，成了分裂于现实共同体之外的群体，甚至以古刺今，以造成道德风尚的混乱。总之，国家为养士投入了资源，士却并未回报国家。长此以往，士必将自受其祸。可以说，龚自珍激进地重新定义了士：既然学、治一致，既然为国所养，士就应该投身于复本朝先王之法。

值得注意，龚、魏的学问取向正是在这个路径下展开的。龚批评士人"昭代功德，瞠目未睹"，龚自己就博览清代掌故，而魏源更是写作《圣武

---

① 《魏源全集》，岳麓书社2004年版，第13册，第34—35页。

记》来记录"本朝"的武德武功。① 这也是为什么《经世编》首先自我规定为"皇朝"。由此多少可以理解，何以章太炎叹息龚、魏之学让"学隐之风"断绝：士的独立性已经被取消，而完全融于本朝政治。

《曾子章句序》是魏源《古微堂四书·曾子发微》的序言，勾勒了《曾子》一书的原貌以及曾子之学贯穿于日用至神化的精神，并由此强调曾子之学的意义，位于《学术五·文学》。《古微堂四书》里，魏源自出心裁，另编"四书"，由《小学》而《大学》、由《孝经》而《曾子》，而后三书均出自曾子，故该序实可视为《古微堂四书》纲领。该序指出，《汉书·艺文志》本记录有《曾子》十八篇，至南宋而失传，唯《大戴礼记》尚存十篇。

魏源推重曾子，除了因为曾子上承孔子，下启子思子、孟子之外，还在于曾子学的特点。曾子学乍看少言"性天"，但重内省，求反躬实行：

> 曾子得圣道宗，孝尽性，诚立孝，敬存诚，万伦万理，一反躬自省出之。初罔一言内乎深微，外乎闳侈，惟为己为人进退义利际，谆谆提撕而辟呵之，百世下如见其心焉。

然而，魏源更进一步，强调了曾子之学看似不高深其实上探于神化的内核。"日用则神化也，庸德则大经也，不越户庭，明天察地，体用、费隐贯于一，不遗不御也。"尽管魏源序中未明说，但很明显这种学问警惕着"空虚之学"，与顾炎武期望的"实学"非常一致，且同时并非不能展开向儒学最高主题"性命""天道"的探究。在此，顾炎武的"实"学与探究"性命"的宋学，于曾子之学中相交融。更为重要的是，因为曾子学下探于庸，其对于制礼作乐问题的讨论不可替代。

> 暨《天圆篇》原圣人制礼作乐之由，以明人性之最贵，日用则神化也，庸德则大经也。

---

① 尽管龚、魏的学问其实大大越出了"本朝"，尽管所谓"本朝先王"依然会显露出"托"的一面，但龚、魏对掌故之学的关心，依然是真实的关心：哪怕最后要上探于天道王道，也必须是像孔子从周一样，由"本朝"出发而上探。

> 曾子固以身教而不以言教者也。其志盖将以夏道之忠，救周文之敝也。姬公制作之精意，瀏然以清，汋然以肫者，唯曾氏为得之。①

考察《古微堂四书》对《曾子·天圆》部分的解读，可以看到魏源在澄清礼乐制作的自然基底。魏源指出，制作之大者在于"律历"，这关乎准确的自然时间与准确的声音。礼建立在"历"所确定的准确自然节气时间之上，而乐则建立在"律"所确定的准确声音音度之上。确定准确的律历，是圣人的核心工作之一。

> 故仰观于天，审十二月之分数，而于昏旦察辰宿之中见与伏，以验时节之僭否，而历生矣。俯察于地，知音由乎器，管短则音上而清，管长则音下而浊，金、石、丝、竹、匏、土、革、木八音，皆由此定，而律生矣。
>
> 历以治时，律以候气，其致则一。杨子云所谓"上历施之，下律和之"也。历律一道，其数同，其理同，故黄帝作调历而律吕并起焉。汉遂以律治历，非迭相治而何？②

正是在曾子之学探正礼乐制作的自然基底的意义上，魏源才敢说："姬公制作之精意"，唯独曾子才传承。

《孙子集注序》是魏源《孙子集注》一书的序文，全书已佚。该序不仅评价《孙子》能媲美《易》与《老子》，而且兵学本就是儒学的合法分支。此外，该序强调儒家立场下，军事研究的必要性与合法性。魏源开篇即指出：兵家真正不合于儒家之处，仅在于强调"兵者诡道也"。此外，则多有相容。他说，军事行动如果被用来保护人，那就是一种"仁术"："'弩生于弓，弓生于弹，弹生于孝子。'杀人以生人，匪谋曷成？谋定而后战，斯常夫可制变。""变化者，仁术也。"魏源特别广泛摘取儒家经典里并不多见的对兵事的肯定，以强调孔子绝非不知兵："然兵列五礼，学礼宜及，'有文事者，必有

---

① 《魏源全集》，岳麓书社2004年版，第13册，第202—203页。
② 《魏源全集》，岳麓书社2004年版，第2册，第579—582页。

武备','好谋而成','我战则克','学矛夫子,获甲三百'。"

此外,魏源《城守篇》也被收录。该篇一开头就说"仁人不问伐国,书生不足谭兵"[①]。该开头在《圣武记·城守篇》里改写为"仁不伐国,儒不谈兵"。可见,魏源的思想倾向与当时回避军事的儒者颇为不同。正是因为对军事的高度敏感,魏源才能在后来相当超前地赋予鸦片战争以不可替代的意义,并因此而写出《圣武记》与《海国图志》这两部名扬海内的著作。《圣武记》记录了由努尔哈赤起兵到鸦片战争的整个清代武事,而《海国图志》,魏源自述其为"兵机之书"。由此,"师夷长技以制夷"这场受军事问题引导的恢宏的文明革新与文明竞争拉开了帷幕。可以说,对军事的关注,是新一代经世学最具特色的一个部分。

《寿序》评价龚、魏"道咸以降之学新","虽不逮国初、乾嘉二派之盛,然为此二派之所不能摄",均极准确。如龚自珍取消士人独立性,全纳入"本朝"的学治统一体,如魏源将兵事上升到"道"的高度,均已溢出前人。至于《寿序》所言"乃或托于先秦西汉之学,以图变革一切","其所陈夫古者,不必尽如古人之真,而其所以切今者,亦未必适中当世之弊。其言可以情感,而不能尽以理究"。则非讨论经世学谱系的本文所能予以充分讨论的了。

四 结语

《经世编》卷帙浩繁,本文借助王国维"清学三变说",以一窥其经世学谱系。就"一变"而言,顾炎武确为灵魂人物,其文章多定下全书基本倾向,如崇实学、重民生、变风气、重礼学等。王说准确。但同时,唐甄等"畸民"的尖锐理论,如抑君权、倡导男女平等等,同样为相关部分的基本理论倾向。此部分可补充王说。

"二变"则王说与《经世编》差异甚大。王说以为,戴震钱大昕同样为魏源学问源起,但《经世编》对考据学相当排斥,并展示了戴震与段玉裁的

---

① 《魏源全集》,岳麓书社2004年版,第17册,第237页。

晚年悔过，并同时青睐考据学对立面桐城派以及经世文集的先驱人物陆燿。此外，清代贤臣能臣的奏议同样为《经世编》思想来源。此部分可纠正王说。

就"三变"而言，龚自珍与编者魏源代表着经世新动向，龚尤其关心当代，而魏又关心礼乐制作的根源，且高度重视军事的重要性。王说突出其"新"，又言龚、魏之学越出前两派藩篱，极准确。

在最后，有必要补充某些魏源并未明言的关于顾炎武与考据学的问题。严格说来，顾炎武本来就是汉学的精神来源之一。所以，当《经世编》高度推崇顾炎武而又拒绝考据学的时候，其态度值得玩味。在此，与其说魏源全盘继承顾炎武，不如说着重继承了"经世"的顾炎武，而回避了"考据"的顾炎武。反过来，《经世编》推崇"经世"的顾炎武，也就意味着通过推崇顾炎武这位考据学鼻祖身上"经世"的方向，以扭转考据学的方向。

所以，以顾炎武为灵魂，就不仅仅是个学问取向问题，也同样包含着策略性考量："入室操戈。"正如魏源《孙子集注序》所言："天地间无往而非兵也，无兵而非道也，无道而非情也。"

（马晓见，北京大学哲学系中国哲学专业博士研究生）

从"古为今用"到"创造性转化、创新性发展"

——兼论新中国成立以来党对传统文化认知态度的演变

牛冠恒

摘　要　1964年，毛泽东同志在《对中央音乐学院的意见》上写下批语："古为今用，洋为中用。"此后，"古为今用"一直是党和国家对待传统文化的重要原则和方针，历任党和国家领导人在论述传统文化时，基本都要提及"古为今用"。党的十八大以来，习近平总书记开始重新定位中国传统文化，在称呼表述上把传统文化逐步固定为"中华优秀传统文化"，在指导方针上，逐渐用"创造性转化、创新性发展"取代"古为今用"。"两创"方针也为2017年1月25日中办、国办印发的《关于实施中华优秀传统文化传承发展工程的意见》所沿用，党的十九大报告也再次强调要"推动中华优秀传统文化创造性转化、创新性发展"。

关键词　古为今用　传统文化　创造性转化　创新性发展

从"古为今用"到"创造性转化、创新性发展"

一 "古为今用"的提出

大家熟知的"古为今用"是毛泽东同志提出的对待中国传统文化的一个重要方针。1964年9月16日,中共中央办公厅秘书室编印的《群众反映》第79期摘登了中央音乐学院一个学生同年9月1日写给毛泽东同志的信,信的摘要题为"对中央音乐学院的意见";9月27日,毛泽东同志在《对中央音乐学院的意见》上写下批语:"古为今用,洋为中用。"① 从此,"古为今用"就被广泛地应用于社会科学研究和教学之中,后来成为社会主义中国对待传统文化的原则和方针。

其实在此之前,文史哲学界早已提出"古为今用"并为此展开过争论。一开始,人们提"古为今用",只是就具体的学术问题而言,并没有把它上升到一个重要原则。1958年8月9日,周恩来同志在北戴河同正在当地休养的北京大学图书馆学系邓衍林教授谈话时指出:"我国是一个文化悠久的大国,很多县都编有县志。县志中就保存了不少关于各地经济建设的有用资料,然而查找起来,就非常困难。所以,我们除编印全国所藏方志目录外,还要有系统地整理县志及其他书籍中有关科学技术资料,做到'古为今用'。"② 周恩来同志在此所说的"古为今用",针对的是一个非常具体的学术问题,即系统整理古代县志中的有关科学技术资料,为当时的经济建设服务。1959年9月26日,《文艺报》第18期发表作家老舍的《古为今用》一文,该文谈了如何从古典著作中学习文字的问题,认为"我们必须学点古典文学,但学习的目的是古为今用"[3],也是就具体如何学习古人运用文字问题而谈。

1959年,《前线》第12期发表历史学家吴晗的《厚今薄古和古为今用》一文。该文开始把"古为今用"上升为历史研究的一个重要原则和方法。此后几年内直到毛泽东同志批示"古为今用",文史哲学界就"古为今用"展

---

① 《毛泽东书信选集》,中央文献出版社2003年版,第558页。
② 《周恩来文化文选》,中央文献出版社1998年版,第354页。
③ 《老舍文集》第16卷,人民文学出版社1991年版,第565页。

· 109 ·

开了争论,争论的侧重点在其内涵上,一种意见认为"古为今用"包括两方面内容:一是阐明历史发展规律,总结历史经验,传授历史知识,为现实社会服务;二是批判地吸取历史上政治、思想、文化方面一切合理有益的东西,经过改造,使之为社会主义服务。而另一种意见强调说,"古为今用"是指总结历史上生产斗争和阶级斗争的经验,为现代服务。

尽管人们对"古为今用"的内涵理解不同,但经过争论,人们已经普遍认为"古为今用"是对待历史传统的一个重要原则,尤其是在毛泽东同志的批示之后,在很长一段时期内,"古为今用"曾是社会主义中国对待传统文化的重要原则和方针。

二 "古为今用"的沿用

"文革"期间,在对待传统文化时,虽然表面上党和国家仍然坚持"古为今用"的原则和方针,如1970年9月17日,周恩来同志在同文化教育部门一些负责人谈话时强调"要古为今用,推陈出新"[①]。1975年10月4日,邓小平同志在农村工作座谈会上就怎样宣传毛泽东思想时也指出:"比如文艺方针,毛泽东同志说,要古为今用,洋为中用,百花齐放,推陈出新。这是很完整的。"[②] 但由于受极"左"思潮的影响,这一原则和方针在这一时期实际上并没有得到很好的贯彻,中国传统文化基本成了批判的对象,"古为今用"的"用"更多强调的是批判,即古代的文化成了现代社会批判的对象,"古为今用"变成了"古为今批",甚至上演了"古为今用"的荒唐一幕——"批林批孔"运动。

"文革"结束后,在对待传统文化上,党和国家领导人又重提毛泽东同志所倡导的"古为今用"。1977年6月15日,陈云同志在杭州评弹座谈会上讲话提道:"我们从地底下发掘出来的几千年前的东西还要拿到外国去展览,博物馆还要开放,为什么到一定时期不可以把一些没有问题的、能起作用的传

---

① 《周恩来选集》下卷,人民出版社1984年版,第468页。
② 《邓小平文选》第2卷,人民出版社1994年版,第37页。

统书目拿出来演一演呢？不是全部，而是一部分，'古为今用'嘛。"① 1979年10月30日，邓小平同志在中国文学艺术工作者第四次代表大会上致祝词时指出："我们要继续坚持毛泽东同志提出的文艺为最广大的人民群众、首先为工农兵服务的方向，坚持百花齐放、推陈出新、洋为中用、古为今用的方针，在艺术创作上提倡不同形式和风格的自由发展，在艺术理论上提倡不同观点和学派的自由讨论。"②

1981年6月27日，中国共产党第十一届六中全会通过的《中国共产党中央委员会关于建国以来党的若干历史问题的决议》肯定了毛泽东同志提出的"古为今用、洋为中用的方针"是思想政治工作和文化工作方面具有长远意义的重要思想。1981年8月8日，时任中央书记处书记、主管全国意识形态工作的胡乔木在中共中央宣传部召集的思想战线问题座谈会上讲话时也指出："毛泽东同志即使在晚年，对文艺问题也发表过一些好的思想。比方说，'古为今用，洋为中用'，这不就是六十年代上半期提出来的口号吗？我们现在大家都赞成嘛。"③

总的来说，党的第二代中央领导集体在对待中国传统文化的态度上，仍然坚持毛泽东同志所倡导的"古为今用"的原则和方针，党的第三代中央领导集体及以后的中央领导也基本遵循这一原则和方针。

1990年1月10日，当时主管全国文教和意识形态工作的中央政治局常委李瑞环同志在全国文化艺术工作情况交流座谈会上做了题为"关于弘扬民族优秀文化的若干问题"的讲话，这是改革开放以来，党的中央领导人第一次公开详细论述中国传统文化。在这篇讲话中，就正确处理继承和发展的关系问题，李瑞环给出的方针是："对历史文化遗产绝不应不分良莠，兼收并蓄，而应当批判地继承，吸取其精华，剔除其糟粕。我们弘扬民族文化的根本目的，是要推陈出新，古为今用，是为了向前看，而不是向后看。"④

1991年7月1日，江泽民同志在庆祝中国共产党成立70周年大会上讲话强调："我们的文化必须坚持为人民服务、为社会主义服务，充分体现人民的

---

① 《陈云文集》第3卷，中央文献出版社2005年版，第426页。
② 《邓小平文选》第2卷，人民出版社1994年版，第210页。
③ 《胡乔木文集》第2卷，人民出版社2012年版，第516—517页。
④ 《十三大以来重要文献选编》（中），中央文献出版社1991年版，第863页。

利益和愿望,满足人民不同层次的、多方面的、丰富的、健康的精神需要,激发人民建设社会主义的积极性。'百花齐放、百家争鸣','古为今用、洋为中用',是我们党繁荣社会主义科学文化事业的重要方针。"① 1994年12月27日,江泽民同志在纪念梅兰芳、周信芳诞辰100周年座谈会上讲话指出:"为了实现振兴民族艺术的历史任务,首先需要有一个明确的指导思想。党中央制定了文化工作的一整套方针政策。为人民服务、为社会主义服务的方向,百花齐放、百家争鸣的方针,古为今用、洋为中用、推陈出新的方针,弘扬主旋律、提倡多样化的方针,改革管理体制、繁荣创作演出的政策,这些都是我们发展和振兴包括京剧在内的民族艺术的指导思想。"② 2001年12月18日,江泽民同志在中国文联第七次全国代表大会、中国作协第六次全国代表大会上讲话指出:"希望广大文艺工作者努力继承和发扬中华民族的优秀文化传统,继承和发扬五四运动以来形成的革命文化传统,积极学习和借鉴世界各国人民创造的一切先进文明成果,坚持古为今用,洋为中用,与时俱进,推陈出新。"③

2003年8月12日,胡锦涛同志在主持第十六届中共中央政治局第七次集体学习讲话时指出:"我们要发扬与时俱进的时代精神,坚持古为今用、推陈出新,大力发扬中华文化的优秀传统,大力弘扬中华民族的伟大精神,使中华民族的优秀文化成为新的历史条件下鼓舞我国各族人民不断前进的精神力量。"④ 2005年1月17日,胡锦涛同志在全国加强和改进大学生思想政治教育工作会议上讲话指出:"我国人民在长期社会实践中孕育的传统美德,是中华民族生生不息、发展壮大的重要精神力量。在这方面,我国经济史、政治史、科学史、哲学史、思想史、文学史、艺术史等都积累了丰富的思想材料。要按照古为今用、去粗取精的要求,充分运用它们来熏陶教育大学生。"⑤ 2011年10月22日,胡锦涛同志在中国文联第九次全国代表大会、中国作协

---

① 《十三大以来重要文献选编》(下),中央文献出版社1993年版,第1645页。
② 江泽民:《弘扬民族艺术振奋民族精神——1994年12月27日纪念梅兰芳、周信芳诞辰100周年时在中南海怀仁堂举行的座谈会上的讲话》,《人民日报》1995年5月23日第1版。
③ 《十五大以来重要文献选编》(下),中央文献出版社2003年版,第2126页。
④ 《胡锦涛在中共中央政治局第七次集体学习时强调始终坚持先进文化的前进方向大力发展文化事业和文化产业》,《人民日报》2003年8月13日第1版。
⑤ 《十六大以来重要文献选编》(中),中央文献出版社2006年版,第639页。

第八次全国代表大会上讲话提出:"广大文艺工作者要适应时代变化和人民精神文化生活发展的要求,坚持古为今用、推陈出新,立足中华文化丰沃土壤,从源远流长的传统文化、激昂奋进的革命文化、争奇斗妍的民族民间文化中汲取养分,努力为中华文化书写新的篇章。"①

2011年10月18日,中国共产党第十七届六中全会通过的《中共中央关于深化文化体制改革推动社会主义文化大发展大繁荣若干重大问题的决定》(以下简称"决定"),在提到"建设优秀传统文化传承体系"时明确:"优秀传统文化凝聚着中华民族自强不息的精神追求和历久弥新的精神财富,是发展社会主义先进文化的深厚基础,是建设中华民族共有精神家园的重要支撑。要全面认识祖国传统文化,取其精华、去其糟粕,古为今用、推陈出新,坚持保护利用、普及弘扬并重,加强对优秀传统文化思想价值的挖掘和阐发,维护民族文化基本元素,使优秀传统文化成为新时代鼓舞人民前进的精神力量。"② 党的十七届六中全会通过的《决定》,虽然只是部分提到传统文化,但它却以中央文件的形式肯定了"古为今用"仍然是对待传统文化的基本原则和方针。

三 从"古为今用"到"两创"的转变

以习近平同志为核心的党中央,认为中华优秀传统文化是中华民族的"根"与"魂",开始在全社会大力弘扬中华优秀传统文化,其力度之大、态度之坚决、影响之深远,可以说是党成立以来所从未有过的。在对待中国传统文化的态度上,他一开始仍然沿用"古为今用"的原则和方针,并且在很多场合也多次强调要坚持"古为今用"。

2013年8月19日,习近平总书记在全国宣传思想工作会议上强调:"对我国传统文化,对国外的东西,要坚持古为今用、洋为中用,去粗取精、去

---

① 《十七大以来重要文献选编》(下),中央文献出版社2013年版,第619页。
② 《十七大以来重要文献选编》(下),中央文献出版社2013年版,第572页。

伪存真，经过科学的扬弃后使之为我所用。"① 2014 年 2 月 24 日，习近平总书记在主持中共中央政治局第十三次集体学习时指出："对历史文化特别是先人传承下来的价值理念和道德规范，要坚持古为今用、推陈出新，有鉴别地加以对待，有扬弃地予以继承，努力用中华民族创造的一切精神财富来以文化人、以文育人。"②

2014 年 9 月 24 日，习近平主席在纪念孔子诞辰 2565 周年国际学术研讨会暨国际儒学联合会第五届会员大会开幕会上讲话指出："传统文化在其形成和发展过程中，不可避免会受到当时人们的认识水平、时代条件、社会制度的局限性的制约和影响，因而也不可避免会存在陈旧过时或已成为糟粕性的东西。这就要求人们在学习、研究、应用传统文化时坚持古为今用、推陈出新，结合新的实践和时代要求进行正确取舍，而不能一股脑儿都拿到今天来照套照用。要坚持古为今用、以古鉴今，坚持有鉴别的对待、有扬弃的继承，而不能搞厚古薄今、以古非今，努力实现传统文化的创造性转化、创新性发展，使之与现实文化相融相通，共同服务以文化人的时代任务。"③

2014 年 10 月 15 日，习近平总书记在文艺工作座谈会上讲话指出："传承中华文化，绝不是简单复古，也不是盲目排外，而是古为今用、洋为中用，辩证取舍、推陈出新，摒弃消极因素，继承积极思想，'以古人之规矩，开自己之生面'，实现中华文化的创造性转化和创新性发展。"④ 2016 年 5 月 17 日，习近平总书记在哲学社会科学工作座谈会上讲话仍然强调："要坚持古为今用、洋为中用，融通各种资源，不断推进知识创新、理论创新、方法创新。我们要坚持不忘本来、吸收外来、面向未来，既向内看、深入研究关系国计民生的重大课题，又向外看、积极探索关系人类前途命运的重大问题；既向前看、准确判断中国特色社会主义发展趋势，又向后看、善于继承和弘扬中华优秀传统文化精华。"⑤

如上所述，从 20 世纪 60 年代开始，党的历任领导人在提到中国传统文

---

① 《人民日报》2013 年 8 月 21 日第 1 版。
② 《人民日报》2014 年 2 月 25 日第 1 版。
③ 《人民日报》2014 年 9 月 25 日第 2 版。
④ 《十八大以来重要文献选编》（中），中央文献出版社 2016 年版，第 136 页。
⑤ 习近平：《在哲学社会科学工作座谈会上的讲话》，《人民日报》2016 年 5 月 19 日第 2 版。

化时，有坚持和强调"古为今用"的传统。2017年1月25日中办、国办印发了《关于实施中华优秀传统文化传承发展工程的意见》（以下简称"意见"），在第一次以中央文件形式专题阐述中华优秀传统文化传承发展工作的《意见》中，却未见"古为今用"一词，《意见》坚持的是"创造性转化和创新性发展"原则，这一原则也为党的十九大报告所沿用。党的十九大报告在提到中华优秀传统文化时，也没有再提古为今用，两次提到"创造性转化、创新性发展"，分别是"推动中华优秀传统文化创造性转化、创新性发展"①，"要坚持为人民服务、为社会主义服务，坚持百花齐放、百家争鸣，坚持创造性转化、创新性发展，不断铸就中华文化新辉煌"②。"二为"方向、"双百"方针、古为今用、洋为中用都是党沿用多年的一整套文化方针政策，党的十九大报告却只保留了"二为"方向、"双百"方针，不再提古为今用、洋为中用，而是坚持"创造性转化、创新性发展"，表明"古为今用"已为"创造性转化、创新性发展"所替代。

四 "两创"是对"古为今用"延续和发展

《意见》和党的十九大报告没有再沿用党和国家对待中国传统文化一个基本态度——古为今用，而是代之以"创造性转化、创新性发展"③的表述，这反映了我们党和国家对传统文化认知态度的转变。以前的领导人，在对待传统文化时，多把它当成一种历史遗产，这从党的领导人对中国传统文化的称呼可以看出。

对于中国传统文化的表述，不同时期党和国家领导人的表述是不同的。毛泽东同志对于中国传统文化的称呼有很多，主要以"历史遗产""遗产""文化遗产"居多，如他在写于中华人民共和国成立前的《中国共产党在民族

---

① 《中国共产党第十九次全国代表大会文件汇编》，人民出版社2017年版，第19页。
② 《中国共产党第十九次全国代表大会文件汇编》，人民出版社2017年版，第33页。
③ "创造性转化、创新性发展"是习近平总书记2014年2月24日在中央政治局第十三次集体学习时提出来的，他强调：要处理好继承和创造性发展的关系，重点做好创造性转化和创新性发展。此后，习近平总书记在多个场合多次强调"创造性转化、创新性发展"这个重大原则。

战争中的地位》中就认为:"学习我们的历史遗产,用马克思主义的方法给以批判的总结,是我们学习的另一任务。我们这个民族有数千年的历史,有它的特点,有它的许多珍贵品。对于这些,我们还是小学生。今天的中国是历史的中国的一个发展;我们是马克思主义的历史主义者,我们不应当割断历史。从孔夫子到孙中山,我们应当给以总结,承继这一份珍贵的遗产。"① 这里的"历史遗产"和"遗产"即指中国传统文化。写于中华人民共和国成立后的《应当充分地批判地利用文化遗产》文中,他仍然坚持:"对中国的文化遗产,应当充分地利用,批判地利用。"②

此后的领导人,在面对中国传统文化时,多是从继承历史遗产的角度出发,从而提倡古为今用,如 2001 年 7 月 1 日,江泽民同志在庆祝中国共产党成立 80 周年大会上讲话强调:"我国几千年历史留下了丰富的文化遗产,我们应该取其精华、去其糟粕,结合时代精神加以继承和发展,做到古为今用。"③ 再如 2005 年 9 月 12 日,胡锦涛同志在墨西哥参议院演讲时也说:"中国是一个有着 5000 多年历史的文明古国,中华民族是一个勤劳智慧、热爱和平的民族。在漫长的历史进程中,中国人民辛勤劳动、不懈探索、勇于创造,以自强不息的精神推动了中国社会发展进步,创造了源远流长的中华文化,为人类文明进步发挥了重要推动作用。这些宝贵的历史遗产,是中华民族世代相传的精神财富,也是现时代激励中国人民继续前进的强大动力。"④

习近平同志担任党的总书记以来,开始重新定位传统文化,从对其称呼上来说,逐渐把它固定化为"中华优秀传统文化"这一表述。习近平总书记对中国传统文化的表述有一个从不固定称呼到固定称呼的转变,在 2013 年全国宣传思想工作会议召开之前,习近平同志对中国传统文化有多种表述,并没有一个固定称呼。如他在 2004 年 9 月 30 日所写的《发展旅游经济要坚持创新与继承相统一》一文中曾提出"大力弘扬优秀的民族文化和民族精神"⑤,以"优秀民族文化"来指称中国传统文化。他在 2007 年 1 月 17 日所

---

① 《毛泽东选集》第 2 卷,人民出版社 1991 年版,第 533—534 页。
② 《毛泽东文集》第 8 卷,人民出版社 1999 年版,第 225 页。
③ 《十五大以来重要文献选编》(下),中央文献出版社 2003 年版,第 1909 页。
④ 胡锦涛:《加强互利合作 促进共同发展》,《人民日报》2005 年 9 月 14 日第 1 版。
⑤ 习近平:《之江新语》,浙江人民出版社 2007 年版,第 74 页。

写的《在慈善中积累道德》一文中认为:"在中华民族的传统文化中,历来尊崇厚仁贵和、敦亲重义,并将乐善好施、扶贫济困奉为美德。"① 用"中华民族的传统文化"来指称中国传统文化。

习近平同志出任党的总书记以后,开始以"优秀文化""中国传统文化""中国优秀传统文化"等来指称中国传统文化,如2012年11月15日,习近平总书记在十八届中共中央政治局常委同中外记者见面时强调:"在漫长的历史进程中,中国人民依靠自己的勤劳、勇敢、智慧,开创了各民族和睦共处的美好家园,培育了历久弥新的优秀文化。"② 这里的"优秀文化"即指中国传统文化。2013年3月1日,习近平总书记在中央党校建校80周年庆祝大会暨2013年春季学期开学典礼上讲话说:"中国优秀传统文化,领导干部也要学习,以学益智,以学修身。中国传统文化博大精深,学习和掌握其中的各种思想精华,对树立正确的世界观、人生观、价值观很有益处。"③ 用"中国优秀传统文化"来指称中国传统文化。

2013年8月19日,全国宣传思想工作会议在北京召开,会上习近平总书记提出了"四个讲清楚",其中之一是"讲清楚中华优秀传统文化是中华民族的突出优势,是我们最深厚的文化软实力"④,习近平总书记开始以"中华优秀传统文化"来指称中国传统文化并逐渐固定化,此后,他在提及中国传统文化时,虽然有时也称"中国传统文化"或"中国优秀传统文化",但更多的称呼是"中华优秀传统文化"。如2013年11月26日,习近平总书记参观考察孔府和孔子研究院并同有关专家学者座谈时强调,"中华优秀传统文化是中华民族的突出优势,中华民族伟大复兴需要以中华文化发展繁荣为条件,必须大力弘扬中华优秀传统文化"⑤。再如2014年2月24日,中共中央政治局就培育和弘扬社会主义核心价值观、弘扬中华传统美德进行第十三次集体学习时,习近平总书记发表讲话并强调:"培育和弘扬社会主义核心价值观必

---

① 习近平:《之江新语》,浙江人民出版社2007年版,第252页。
② 《人民对美好生活的向往就是我们的奋斗目标》,《人民日报》,2012年11月16日第4版。
③ 习近平:《在中央党校建校80周年庆祝大会暨2013年春季学期开学典礼上的讲话》,人民出版社2013年版,第9页。
④ 《习近平谈治国理政》,外文出版社2014年版,第156页。
⑤ 《习近平总书记系列重要讲话读本》,学习出版社,人民出版社2014年版,第99—100页。

须立足中华优秀传统文化。"①

《意见》和党的十九大报告对传统文化的表述也是中华优秀传统文化，党的十九大以来，习近平总书记也多用"中华优秀传统文化"这一称呼，绝少再用其他称呼表述传统文化，与之相对应的方针也多用"创造性转化、创新性发展"，几乎没有再提及"古为今用"。如2018年3月20日，习近平总书记在第十三届全国人民代表大会第一次会议上讲话强调："我们要以更大的力度、更实的措施加快建设社会主义文化强国，培育和践行社会主义核心价值观，推动中华优秀传统文化创造性转化、创新性发展，让中华文明的影响力、凝聚力、感召力更加充分地展示出来。"② 2018年5月4日，习近平总书记在纪念马克思诞辰200周年大会上讲话指出："我们要立足中国、面向现代化、面向世界、面向未来，巩固马克思主义在意识形态领域的指导地位，发展社会主义先进文化，加强社会主义精神文明建设，把社会主义核心价值观融入社会发展各方面，推动中华优秀传统文化创造性转化、创新性发展，不断提高人民思想觉悟、道德水平、文明素养，不断铸就中华文化新辉煌。"③ 2018年12月18日，习近平总书记在庆祝改革开放40周年大会上讲话指出："我们要加强文化领域制度建设，举旗帜、聚民心、育新人、兴文化、展形象，积极培育和践行社会主义核心价值观，推动中华优秀传统文化创造性转化、创新性发展，传承革命文化、发展先进文化，努力创造光耀时代、光耀世界的中华文化。"④ 2019年1月2日习近平总书记在《告台湾同胞书》发表40周年纪念会上讲话呼吁："两岸同胞要共同传承中华优秀传统文化，推动其实现创造性转化、创新性发展。"⑤

从以上列举可以清楚看出：党的十九大以来，习近平总书记在论述传统文化时，总是把"中华优秀传统文化"与"创造性转化、创新性发展"紧密联系在一起，这说明二者之间不可分隔，前者是称呼，后者是指导前者的方针。

---

① 《习近平谈治国理政》，外文出版社2014年版，第163—164页。
② 《十九大以来重要文献选编》（上），中央文献出版社2019年版，第390—391页。
③ 《十九大以来重要文献选编》（上），中央文献出版社2019年版，第430页。
④ 《十九大以来重要文献选编》（上），中央文献出版社2019年版，第733页。
⑤ 《十九大以来重要文献选编》（上），中央文献出版社2019年版，第746页。

"中华优秀传统文化"是当代中国领导人对中国传统文化的最新定性，它从整体上肯定中国传统文化是一种优秀的文化，与把它当成历史遗产不同，历史遗产需要区分古今，强调时间性，因此它的"用"也是有时间局限性的，对待历史遗产自然要坚持"古为今用"的原则和方针。而中华优秀传统文化不再强调古今之分，强调整体性，即从整体上肯定中华优秀传统文化是优秀的，对于这种优秀文化，"用"自然不是问题，更为重要的是怎么发展和创新，因此，《意见》和党的十九大报告及之后习近平总书记虽然没有再提"古为今用"这一原则和方针，但却坚持了另一个原则和方针——"创造性转化和创新性发展"，具体来说就是"坚守中华文化立场、传承中华文化基因，不忘本来、吸收外来、面向未来，汲取中国智慧、弘扬中国精神、传播中国价值，不断增强中华优秀传统文化的生命力和影响力，创造中华文化新辉煌"[1]。因此，可以断言，"创造性转化和创新性发展"将是今后指导中华优秀传统文化传承发展的重要原则和方针，"古为今用"因其历史局限性，会逐渐淡出人们的视野。

（牛冠恒，中国社会科学院当代中国研究所助理研究员，中国实学研究会理事、副秘书长）

---

[1] 《关于实施中华优秀传统文化传承发展工程的意见》，《人民日报》2017年1月26日第6版。

·青年论坛·硕博论文摘编·

阮元实学思想研究

林长发

摘　要　阮元是清代实学的重要代表人物，他历任湖广总督、两广总督、云贵总督等重要职务，既有考据明经的学问根基，又具有丰厚的实践履历。概而言之，阮元的实学思想体系是以训诂考据为方法，以两汉传续的儒学经典为文献依据，通过对于经典文献的训诂考据来达到"求是"和"闻道"的目的。他并且将所闻之"道"推向异质之实践，通过现实社会的实践来最终完成对宋明理学空疏的批判以及对自身理论的超越，建立了一个由训诂考据方法之"实"、文献之"实"而达到义理之"实"、圣人之道之"实"，并且最终推向实践之"实"的严密的实学思想体系。

关键词　实事求是　实践　考据实学　经世实学

一　"推明古训，实事求是"之考据实学

晚明时期士习颓坏，学风空疏。明末清初的有识之士，如顾炎武等人，已经开始对此进行深刻的反思。他们痛陈晚明学风空疏之弊端，意欲革其旧

习，开始重视对于儒学经典追根溯源的工作，再开考据之风和务实之风，意在通经以致用。后经戴震等人接续发展，终于蔚为大观。阮元之实学思想可谓与其一脉相承。

在《研经室集自序》中，阮元开篇名义地表明了他的治学宗旨：

> 室名研经者，余幼学以经为近也。余之说经，推明古训，实事求是而已，非敢立异也。①

这句话可以说简明扼要地概括出阮元自身的治经立场和治学原则——推明古训，实事求是。这是对于"束书不观，游谈无根"之讲学论道弊端的有力批判。阮元以"研经室"命名，意在表明对于儒学原始经典的重视，以"经"为著书立说的基本依据，其说经目的乃在于"推明古训，实事求是"。统观阮元的著作及其治学历程，可以说"实事求是"既是原则和态度，也是贯穿其一生的最为根本的治学方法和治学目标。关于"实事求是"，阮元曾反复申之：

> 古人之砚古之式，用以研经发守墨。凡事求是必以实，如石坚重效于国。②
>
> 我朝儒者，束身修行，好古敏求，不立门户，不涉二氏，似有合于实事求是之教。③

那么，如何才能够做到实事求是呢？阮元所采取的方式是将观点和结论建立在坚实的训诂考据的基础之上，而他训诂考据的文本依据则以先秦至两汉时期的儒学元典为主。因为在阮元看来，宋明理学之所以会流于空疏，一方面是因为儒学自魏晋以来便受到佛、道思想的熏陶濡染，掺杂了很多佛家、道家的元素，过分强调静观寂守之修养方式，忽视客观的社会实践，脱离了

---

① （清）阮元撰，邓经元点校：《研经室集》，中华书局1993年版，第1页。
② （清）阮元撰，邓经元点校：《研经室集》，中华书局1993年版，第748页。
③ （清）阮元撰，邓经元点校：《研经室集》，中华书局1993年版，第687页。

儒学的正统轨道。另一方面则是因为理学末流随意解经、游谈无根而导致思想理论上的扰攘不休,误导世道人心,贻误政治、社会的治理和发展。有鉴于此,为了正本清源,恢复儒学的本来面目,阮元主张越过魏晋以至于宋明时期的儒学,直接追溯先秦和两汉的经学研究,以准确地理解和把握圣人之道,切实发挥其在客观社会实践中的功用。

阮元说道:

> 圣贤之道存之于经,经非诂不明。汉人之诂,去圣贤为尤近……盖远者见闻终不若近者之实也。……舍经而文,其文无质,舍诂求经,其经不实。为文者尚不可以昧经诂,况圣贤之道乎!①

> 两汉经学所以当尊行者,为其去圣贤最近,而二氏之说尚未起也。②

阮元力倡借助训诂、考据的方式来接续两汉的经学,以求取儒学经典之本义,准确地理解和把握圣贤之道。在他看来,汉代学人的经学研究之所以可靠,一是因为在时间上两汉较为接近圣贤的时代,而"远者见闻终不若近者之实";二是因为汉代时期佛、老之学尚未风靡。在阮元那里,训诂考据只是手段,而不是为训诂而训诂,为考据而考据。自孔子提出"朝闻道,夕死可矣"以来,儒学向来是尤为关注"道"的。为了闻道求是,阮元对待经典文献及其注疏的主张是:

> 余以为儒者之于经,但求其是而已矣,是之所在,从注可,违注亦可,不必如孔、贾义疏之例也。③

"从注可,违注亦可",说明阮元并非盲从经典,而是与时俱进地对经典加以理解和阐释。他认为经典虽是圣人之学,然而毕竟历时久远,难免有不合时宜之处,反对唯古是从、泥古不化。阮元的"实事求是"是儒学经典与现实

---

① (清)阮元撰,邓经元点校:《研经室集》,中华书局1993年版,第547页。
② (清)阮元撰,邓经元点校:《研经室集》,中华书局1993年版,第248页。
③ (清)阮元撰,邓经元点校:《研经室集》,中华书局1993年版,第250页。

社会实践的统一，强调文献记载与客观真实的吻合，是原则性与灵活性的统一，是"以古为尊"和"礼时为大"的有机结合。阮元说：

> 圣人之道，譬若宫墙，文字训诂，其门径也。门径苟误，跬步皆歧，安能升堂入室乎。学人求道太高，卑视章句，譬犹天际之翔，出于丰屋之上，高则高矣，户奥之间未实窥也。或者但求名物，不论圣道，又若终年寝馈于门庑之间，无复知有堂室矣。①

阮元多次强调，训诂和考据乃探求圣人之道的方法、门径，最终目的是达到义理之正，习得真正的圣人之道。他批判宋明理学空疏而力倡重视训诂考据和原始经典文献。然而，一些腐儒汉学家却又走入另外一个极端，他们株守传注，但求名物，于世事毫无补益。对于他们，阮元同样加以严厉的批驳。也就是说，阮元并不反义理之学，而是反对无文献依据的空疏之学。阮元重视训诂考据的工夫，但也反对迂腐的消耗和耽溺。他的最终目的乃是要悟得真正的圣人之道。

然而，"从注可，违注亦可"也引发了一个关键问题，即何时从注，何时违注？如何从注，如何违注？如果肆意违注或者自以为跟时代相结合，那么人人皆可自以为"是"而以人为"非"。对于此种困境之解决，阮元的密友凌廷堪有一段很简洁明了的论述：

> 昔河间献王实事求是。夫实事在前，吾所谓是者，人不能强辞而非之，吾所谓非者，人不能强辞而是之也，如六书九数及典章制度之学是也。虚理在前，吾所谓是者，人既可别持一说以为非，吾所谓非者，人亦可别持一说以为是也，如理义之学是也。②

也就是说，欲要解决理论的纷争不息，以理服理既已不可能，必须要另寻客观的标准——以礼代理，推崇礼治。事实上，这也是清中期以阮元、凌廷堪

---

① （清）阮元撰，邓经元点校：《揅经室集》，中华书局1993年版，第37页。
② （清）凌廷堪：《校礼堂文集》，中华书局1998年版，第317页。

等人为代表的"以礼代理"派所一贯秉持的方法和立场。在阮元、凌廷堪等人看来,"礼"既能够寓"理"于其中,同时又具有具体的、唯一的客观表现形式,是政治、社会治理实践的最显象的代表,"以礼代理"足以止息纷争。而阮元等人之所以选择推重"礼治",一方面是因其符合原始儒学的主张,是继承圣人孔子重礼治的传统而来的。另一方面则是因为"礼"是实在的仪式,是不同于虚无之"理"的异质之实践。古人说"同则不继,和实生物",唯有借助与理论异质的、客观的、经验性的、技术性的具体实践才有可能完成对理论的彻底批判。

通过上述论述,我们可以将阮元考据实学的"实事求是"概括为以下几个层面:(1)以训诂考据的方法为是;(2)以先秦至两汉儒学经典、圣人之言为是;(3)以追求义理,闻得圣人之道为是;(4)以"实事"为是,以时代的客观社会实践需要为是。可以说,阮元的"实事求是"既是以古为尊、于古有据的,同时又是与古为新、与时俱进的,它是儒学原始经典与现实社会实践的结合。不但如此,阮元的"实事求是"还通过引入异质之实践实现了对于理论之空疏性、争论性的批判,他的"实事求是"思想中所内含的实践性格也必将导引出其实学思想的另一个重要维度——经世实学,以最终实现对于理论的检验和统合,达到自身体系的圆满。

二 "圣人之道,无非实践"之经世实学

前文梳理了阮元在文献考证和追求圣人之道时所秉持的"实事求是"的治经方法和治经原则,并指出阮元的"实事求是"内在性地蕴含着实践的维度。事实上,阮元本人是一个极为复杂的综合体,他久历宦海长达50余载,既是有丰富政治实践的封疆大吏,又是饮誉海内的一代文宗。他的实践和学问未曾偏废,而是互相增益的,达到了高度的学行一体、知行合一。为了理论的明晰,我们采取了将其实学思想分别为考据实学和经世实践的二分法,但是需要清醒认识的是,在阮元那里这两者之间本是相互照应、密不可分的。阮元说:

> 实者，实事也。圣贤讲学，不在空言，实而已矣。故孔子曰："吾道一以贯之。"贯者，行之于实事，非通悟也。通悟则良知之说缘之而起矣。故此"实"字最显最重，而历代儒者忽之。①

阮元借由训诂考据的方法而得出"圣人之道，无非实践"的结论，也就是说，在阮元看来，真正的义理、真正的圣人之道本身即指向实践的。因此，在阮元看来，"实事求是"之"学"同"无非实践"之"行"是相互贯通、不可分割的。一方面，"实事求是"之方法推导出了"圣人之道，无非实践"的结论；而另一方面，只有在现实的客观社会实践中不遗余力地贯彻落实圣人之道才是真正地做到了实事求是。这两个方面在阮元那里是首尾呼应、共成一体的。由此，更可见阮元实学体系之紧密，他的"实"是包括了训诂考据之方法之实、义理之实、实践之实，是实学、实事、实行、实践的融通一体。

需要特别注意的是，阮元所推重的实践是包含政治、经济、社会、军事、科技等诸多方面的综合的客观实践，这是他与宋明理学中所讲的"工夫"的重要区别。程朱理学和陆王心学也都非常重视实践，讲求知行合一，但是宋明理学所讲的"实践"和阮元所强调的实践在内容上或者说二者的偏向和侧重点是大不相同的。相较于理学、心学末流，阮元的实践活动要丰富得多，除了他在长久的宦海生涯中参与政治社会治理的事功实践以外，最具有突出特点的则是他将道德实践纳入具体可行的技术性实践之中——以礼代理。阮元大力倡导礼治，具有明显的经验论倾向。他说道：

> 古今所以治天下者礼也，五伦皆礼，故宜忠宜孝即理也。然三代文质损益甚多，且如殷尚白，周尚赤，礼也，使居周而有尚白者，若以非礼折之，则人不能争，以非理折之，则不能无争矣。故理必附乎礼以行，空言理，则可彼可此之邪说起矣。②

阮元解释道，之所以强调"以礼代理"是因为礼是客观之事，在事则实；而

---

① （清）阮元撰，邓经元点校：《研经室集》，中华书局1993年版，第206页。
② （清）阮元撰，邓经元点校：《研经室集》，中华书局1993年版，第1062页。

理则系于人心，在心则虚。如果空言理很容易陷入纠缠不清的循环往复的理论争端。而礼不但蕴含"理"在其中，它的独到优势还在于礼是客观的、经验性的，具有现实的表现形式，以礼作为评定是非的标准则不易产生争论，也更加容易在实践中推行，也就是阮元说的圣贤之道"在事故实，而易于率循"。反之，以心相传则容易使人"自循于虚而争是非于不可究诘之境"，没有统一的标准，会让人们在实践中无所遵循，宋明理学末流之所以会流于空疏，很大原因即在于方法上的空疏导致难以完整准确地传续。阮元认识到，只有将理论的评判标准交给与理论相异质的客观实践才能最终平息理论的争端。

阮元重视客观的实践，除了强调"以礼代理"以外，还高度重视科学技术的发展，如天文学、地理学、历算等。他组织编纂了中国历史上第一部《畴人传》。在《畴人传》的序言中，阮元便指出：

> 窃思二千年来，术经七十改……而各有特识。法数具存，皆足以为将来典要……俾知术数之妙，穷幽极微，足以纲纪群伦，经纬天地，乃儒流实事求是之学，非方技苟且干禄之具。①

把天文、地理、算术等技术性学科也看作儒学的重要组成部分，并高度评价其为"儒流实事求是之学"，这在当时是尤为难能可贵的。在阮元看来，六艺之事不但是客观的技术性知识，对于了解国情和经济社会的发展发挥重要的作用，它本身对于道德实践也是大有补益的，可以用来"纲纪群伦，经纬天地"。

龚自珍曾总结阮元的训诂和性道之学说道：

> 圣源既远，宗绪益分。公在史馆，条其分派，谓师儒分系……谈性命者疏也，恃记问者陋也。道之本末，毕赅乎经籍。言之然否，但视其躬行。言经学而理学可包矣，觇躬行而喙争可息矣。②

---

① （清）阮元等：《畴人传》，广陵书社2009年版，第1页。
② （清）张鉴等撰，黄爱平点校：《阮元年谱》，中华书局1995年版，第274页。

龚自珍概括出了阮元由"考据之实"以求"义理之实"而后接"经世之实"的实学路径。阮元所推崇的"实事求是",是以考据训诂的方法之实寻求义理之实,以求闻得圣人之道。而阮元最终所闻得的圣人之道却是"圣人之道,无非实践"。可见,随着实事求是的层层深入,在阮元那里成为一个系统严密的整体,实践成了实事求是的题中应有之义,实事求是内在地包含着实践的维度。正如前文所论述的那样,在阮元看来,任何系统完满的理论都是不完满的,都必须接受实践的检验和统合。只有当理论推向异质之实践,理论才真正走向完满。结合阮元个人的生平履历来看,他的所思、所言和他重视实践的思想主张实际上在他本人的生命历程中得到了充分的展开和落实。

三 小结

"实学"虽然名为学说,但就其理论的性格本质而言,它必须要与实践相接、必待见之于客观实践才可称为真正的、完整的实学。综合阮元的学思历程和实践履历来看,作为文治武功兼备的文宗显宦,他身上确然综合全面地体现出了实学的风貌。他主张并切身践行了学行一体、知行合一,他的思想中内在地蕴含着实践的向度。他通过训诂考据的方法求得圣人之道,建立起自身思想理论体系的实学思想,同时又内在地引入了实践的力量,最终完成了对宋明理学乃至于对其自身实学思想体系的超越和批判。

(林长发,中共中央党校中国哲学专业2017级硕士研究生,中国人民大学国学院2020级博士研究生)

·学术札记·

实学：理论、制度和社会之互动散论

朱康有

当我们把"实学"理解为一种思潮、一种文化形态时，它便超出历史上那个与理学、心学相提并论的纯粹哲学意蕴，更多地向制度和社会转化，着力发挥思想、理论、观念影响社会的现实力量、实践作用。

一 "思想理论"转化为"制度"

狭义的文化是指作为较"虚"形态的思想与理论观念，广义的文化涵盖了思想、制度、物质三个层次的形态。这三种文化，从"形态"的意义上讲，它们是并列的，但从形成的过程而言，并非如此。人类特有的"文化"现象与链条，一定是先有精神内蕴层面的无形观念，再经过一定的中介（比如制度），然后才成为实物。我们暂且不管物质文化，在此要问的是，一种思想观念形态的文化，是如何转化为制度形态文化的（含文化制度）？

多年前已经有学者提出"制度化儒家"的概念，实质讨论的即作为先秦学派的儒家慢慢转化为大一统国家的制度文化基础这样一种现象。显然，除了思想、理论本身具有超强大的现实性、稳定性，知识分子按照时代需求的转化、统治阶级的大力倡导以及人才选拔制度（我国古代为科举制）的完善、文教制度的建立等举措，相应起到了维护和保障作用。

钱穆指出，每一制度之后面，必有其所以然的观念和理论，制度与思想文化实为一体两面，某项理论乃某项制度的精神生命，社会变化又为某项制度的现实血液营养，二者缺一不可。这些观点，"印证"了文化三个形态之间的关系。所谓"制度"，他认为就是"定下人们长期性选择的标准"。值得注意的是，该语实质包含三层意思。一是"长期性"。没有几十年甚至上百年的积累、检验等努力是不行的。拿我们党的这套文化制度系统来说，其中有的为最近几十年（改革开放以后）形成，有的长达半个多世纪（中华人民共和国成立之后），有的达一个世纪（从建党开始）。二是"选择"，说明对于民族也好、政党也好、国家也好，都是一个不断鉴别、反复比较、最后确定的过程。三是"标准"，乃一体系，有"主义指导"亦有"价值引领"，有根本的还有"枝叶"的（"机制"多属后者）。众所周知，作为马克思主义中国化第一阶段成果的"毛泽东思想"被写进宪法和党章以及各种文件中，成为党和国家的指导思想、新民主主义革命和社会主义建设时期"制度"的重要组成部分，就是在血与火的各种淬炼中逐渐被选择、"固化"下来的结果。1964年3月24日，毛泽东同志谈到《毛泽东选集》时说"这是血的著作"，即包蕴了这些含义。

马克思主义以科学的"实践观"轻松化解了长期以来思想与现实之间存在的张力，认为仅在理论范围内兜圈子，无法证实"思维的真理性（思维的现实性和力量）"。而科学的社会性实践，必得以正确的假说或思想体系为指导前提并结合客观实际才能展开。毛泽东同志强调实践的"反复性""群众性""民族性"，为上升至国家和党统一遵循的"制度化"思想打下了基石。"实践"无论是在思想理论的产生与源起中，还是在制度化的文化形态中，抑或在物化的文化形态中都起着决定性的作用，并将三者关联起来，一步步把意识中的观念付之于操作、成之于有形。中国共产党初创期制定的纲领目标，体现了一种文化自觉信仰、"初心"理想信念，在不到30年的时间内即转变成制度的建立和实施。用一套社会规则和制度的推行，代替另一套规则和制度的运作，从旧的制度文化突变至新的制度文化，经历了血雨腥风的斗争（毛泽东同志称之为两条战线——一条是"枪"的战线，一条是"笔"的战线）。公开的、宣之于众的承诺和信念，践行于党自身的行动中，其宗旨简易可行，深得民众信从、认同，从而达到上下呼应，发展出一个全新的、基于新规则和制度的社会形态。

任何制度的背后，都有其思想和理论根据。依此说，我们可把"文化"这种"精神力量"看作整个国家治理体系（制度体系）的"深厚支撑"，凸显其举旗聚心、凝神立魂之功能。"文化建设"突破意识形态、思想宣传、文艺文学诸界限，渗入社会领域方方面面，为各种制度的确立奠定基础。而制度的"根本性、全局性、稳定性、长期性"特征，是确保时间上两个"长"——"确保党长期执政和国家长治久安"实现的前提。

制度的创建往往乃一长期历程，"对制度建设的认识"也是一个逐步深化的过程。在党的十九届四中全会《决定》中，用"坚持和完善""推进""健全"等语通贯全文，用两个"更加"（更加成熟、更加定型）表明立意目标，深刻昭示制度的"动态"指向。"确立"不是完全的"固化"，"推进"亦非朝令夕改，既有稳定性亦有一定的变动性，乃制度建设之辩证法。这就为思想观念、理论与制度以及制度文化之间的"互动"提供了相当大的空间。尤其是基于实践原创性的重大理论思考和理论贡献，及时转化为制度执行力，必将加速推进国家治理体系和治理能力现代化。

二 传统治理思想化为制度的考量

传统治理思想一旦上升为稳定的制度形态，便标志着由思想向实践的过渡和完成。思想隐蔽，并退居幕后，制度发挥着规范作用。传统制度在不同时期随着社会形态的演进呈现出复杂、多变的特征，并涉及政治、经济、社会、文化等各方面。这里选用两种主要的制度来说明传统治理思想的制度化。

（一）选官制度

中国古代官吏制度延续数千年，其时间之久远、发展之完备、体系之严密，是人类历史上绝无仅有的。其中选官制度作为吏治的重要组成部分，内容尤为丰富，历来是中国政治史研究的一个重点内容。

以"世袭"为根本特征的世卿世禄制应该是我国历史上进入阶级社会后最早的选官制度。"家天下"是国王把"天下"（国家）看作一家一姓私产的制度。国王所封的各类官吏也食相应之禄，主要由两类：一类是在中央辅助国王的官吏，即《周礼》记载的六种官员（六卿）；另一类是国王分封的各诸侯国的官吏，即公、侯、伯、子、男，通过"封土封侯制"的思想建立起藩卫制度。这种选官制度实际上在立国之初已经确定下来，一经任用世代不变，是维护统治集团和秩序的一个重要制度基础。"嫡长子继位，庶子分封"的制度存在着不可克服的根本性弱点，就是"传子不传贤"问题。人的血统可以继承，但人的本领无法继承。故此，春秋时期这种制度不可避免地走向衰亡。

以荐举为主、考察为辅的察举制。盛行于两汉，中衰于魏晋，时间达七八百年。由于争夺、战争等需要，破格用人、选贤任能成为选官制度新风尚。其根据，显然系儒家的孝道、才干等思想。选官不问原来出身，以国家需要为标准，量才录用；实行俸禄制度，以谷或半钱半谷为薪俸，按年计算；官吏有任期，主要官吏由皇帝任免调迁，非终身制；官吏均不世袭。察举制开始实行时，吸引和发现了一批人才。但到东汉末年，这一制度日渐腐败，出现了"举秀才，不知书；举孝廉，父别居"等现象。

以"门第"为重要甚至是主要选拔依据的九品中正制。它创自曹魏，"极盛"于两晋南北朝，止于隋朝，沿用三四百年，是中国古代选官制度的一个怪胎。由于其体制有重大缺陷，最重要的是对门第看得过重，"中正官"权力过大，对后世消极影响很大。中正制把士人分为九等，叫上上、上中、上下、中上、中中、中下、下上、下中、下下，品评的内容有三项：家世、状（道德、才能）、品（综合打分）。其中只有门第是硬杠杠，其他是动态柔性的，打分方面主观成分居多。时间一长，就形成了"上品无寒门，下品无势族"的局面，引起士庶矛盾，导致了政治和社会腐败。

以考试作为选官唯一标准和途径的科举制，是中国古代社会中后期主要的选官制度。所谓科举制度，就是由国家设立分科，定期进行统一招考，成绩优异者授以官职。这一实行了1300年的选官制度，创立于隋，定制于唐，发展于宋，鼎盛于明清，废除于清末。科举制对巩固封建统治起了巨大作用，对社会发展和思想文化产生了重大影响。当然，科举考试内容狭窄，严重束缚了知识分子的思想，也在一定程度上扼杀了人才。

总之，"为政之要，惟在得人"是国家兴亡的一条根本性规律。从古代选官用人的实质来看，问题在于是任人唯亲还是任人唯贤。重要的是，要找到一种既能考察真才实学又能公平取士的实现途径。

(二) 行政制度

维护国家和民族统一，显然是儒家关注的重大现实课题。在整治由"礼崩乐坏"造成的分裂局面之后，显然，军事和武力的因素显著降低，更多地依靠国家行政的手段维护大一统治理的格局。

秦汉时期的创制奠基：三公九卿制。这是大一统王朝建立后，最早的中央行政管理体制。秦统一中国后，为巩固国家统一，加强中央专制集权，废除分封制，实行郡县制。这是中国古代史上的重大变革。庞大的官僚体制开始形成规模。丞相属于三公之首，责任重且管得宽，为百官之行政长官；太尉是主管武装力量的高级官员；御史大夫是仅次于丞相的官员，为君主的亲近职官、耳目之臣，对相权形成制约。九卿与列卿名义在丞相之下（大多数情况下独立行使职权），分掌皇室及全国政治、经济、军事、教育等事务，维持全国行政机构的正常运转。在这套体制框架中，管理国家政务与管理皇室事务的机构没有明确分开；管理皇室事务的机构所占比例太大；职无常守现象大量存在。但行政职能已经比较清晰，庞杂政务管理已经理出了头绪，政治、军事、监察有了明确区分；层级分明、上下贯通的领导管理系统已经形成；初步构成相互制约、相互补充的政治权力运作格局。

隋唐时期的高度成熟：三省六部制。它完成了中国历史上第二次大的制度转变，在古代中央行政管理体制的发展过程中占有极其重要的地位。从根源上说，尚书、中书、门下三省作为行政中枢是在东汉尚书台的基础上逐渐发展起来的。唐代正式确立了中书省出令（制定和颁布政策）、门下省封驳（审议和监察）、尚书省执行的三省分职制度。尚书省内部分工和组织趋于系统化，形成了六部（吏、户、礼、兵、刑、工）、九寺、五监等完备体制。六部重在发号施令、督责实施，九寺、五监则重在秉承政令，分工负责具体事务。

明朝强化君权的产物：内阁六部制。严格说来，这是君权相权斗争的产物，也是君权进一步强化的一个重要标志。在明朝的一段时期内，没有丞相，只有六部，直接对皇帝负责。权力集中后，由于政务繁忙、皇帝一人精力有限，体制难以持久，又使用翰林院的学士、编修等侍从官员来协助。因殿阁在宫内，故称内阁。学士改为大学士，官品不断上升，而六部在事实上变成了内阁的下属机构。

此外，北宋的二府（中书门下、枢密院）三司（专司财政）制，金、元时期的一省（中书省）六部制，清代绝对王权的极端发展——军机处制，也都在各自朝代发挥了不同作用。这些体制始终处于变化之中，核心是维护皇帝"至高无上"的权力，在长期运行中围绕"制衡"与"效率"这对矛盾不断进行着历史的演变。

（三）化为"制度"的思想力量

有人可能说，作为思想观念形态的文化本身即能发挥教化人、推动社会前进的作用，没有必要非得转化为制度文化的形态。此言不假，思想和理论一旦被人接受，即影响人的价值和行为模式，直接或间接参与到实践活动中，凝注于人化"物品"内部，表现出"思维的现实性和力量"，亦克服其自身"虚幻性"的一面。问题在于，这种作用和影响的范围、程度、时效到底有多大、多深、多长，值得人们去思索。比如，在先秦既已成为"显学"的儒家学派，不能不说其当时影响力足够显赫——孔孟等代表性人物上可以劝说国君、大臣，下可以广收门徒、波及士人群体，但终究摆脱不了"在野""民间"的性质，甚至不为时代所容——如果没有汉代董仲舒的"独尊儒术"，没有宋代理学大儒对提高"四书"地位的努力，儒学在中国历史上的价值和意义或大打折扣。

没有转化为"制度"的思想文化极易陷入外争或内耗，往往消泯于历史的长河中。显然，思想和学派的"杂乱"，有利于各种"火花"式观念的创新，却不一定带来智慧的"果实"。因为这样的结局很难形成"合力"，无法集中力量锻造出可检验的实证产品。除非该学派形成持续不断的接力，比如，佛、道二教在民间的延展，门徒门派众多，各自松散地造就门规，且得到官方一定的认可，亦能蔚为壮观、悠久不息。而若文化借助一定条件化为规则的约定俗成，为集团所遵从、所习惯，有序的组织性、团体性合力将能形成定向的聚力，其力量则不可小觑，甚或起到制约、规范全局的作用。制度的主体，在古代多为统治集团。近现代政党登上历史舞台，把自己的各方面主张和构想演绎出一幕幕壮丽的活剧。不占优势地位的社会复杂角角落落，或配合或反对或保持距离，找到适合的土壤极力生存和扩张，为"一元"补充"多样"，避免教条和单一，照样活力四射，社会生活显现出形形色色、多姿多彩。

党的十九届四中全会把"坚持和完善繁荣发展社会主义先进文化的制度"作为巩固全体人民团结奋斗的共同思想基础，以更好地构筑中国精神、中国价值、中国力量。可以看出，构筑文化制度的主体是"全体人民""中国"，制度的内容是"社会主义先进文化制度"，制度的旨向是"共同思想基础"以及"精神、价值、力量"。文化制度的规则更多的是一种方向指导、价值引领，其"强制性"本非仅仅止于管住，更不是管死，而是通过激发全民族文化的"创新创造活力"，为时代提供"丰富的精神食粮"，实现基于充分文化自信的强国目标。

三　理论和制度、社会之间的良性互动

文化理论的创新和发展，不是孤悬的，而是和制度以及社会紧密相关的。来自制度和物质层面的文化，或能推动、促进抽象理论的发展，或能抑制、迟滞观念王国的创新。当然，它们之间的关系是复杂的，并非简单之"极化"，亦非完全同步。我们对传统文化的许多态度和做法，反映了文化视域下理论和制度、社会之间的良性互动。

理论能否转化为制度，关键在于政治领导人是否倡导。中国共产党的杰出领袖，并不是"书斋式"的马克思主义理论家，其阅读的马克思主义文献、文本可能比相关专家要少，但无疑抓住了改造社会的关键，从而使马克思主义由理论形态不断向现实转化、飞跃。毛泽东同志一直极其重视中国古代文化，他所阅读的绝大部分书籍也都是中国古籍，而这种身体力行的做法无疑影响了党内外很多人。比如，第一代领导集体的很多成员都有着深厚的国学修养，不自觉地把传统文化作为治党、治军的潜在本领，并使马克思主义中国化成为现实的运动过程。周恩来同志曾说，我们中国人办外事，有这样一些哲学思想：要等待，不要将己见强加于人；当双方争执不下时，强加于人反而容易坏事，最好的办法是等待对方自己觉悟，这些哲学思想来自我们的

民族传统，不全是马列主义的教育。革命的"反叛"性格和经历，并没有使中国共产党人在"西化"和"复古"的两极中摇摆，反而使他们在改造现实社会的过程中形成了自己的"主见"。

总体来说，国家意识形态对理论的呼应是积极的、有效的。从历史上看，学术殿堂上的"话语"转化为政治意识形态，需要假以时日。最早映入高层视野的是中华传统美德，随后，中华传统文化、中华优秀传统文化等逐渐进入党和国家的纲领性文件中。比较突破性的表述来自党的十八大、十九大报告，来自习近平总书记有关重要讲话和重要思想。比如，党的十九大报告把中国共产党定位为中华优秀传统文化的忠实传承者和弘扬者，把传承和发展中华优秀传统文化作为建设社会主义文化强国的重大战略任务。可以预见的是，未来这种趋向将掀起理论界研究的高潮。

需要说明的是，在曲折发展中，或许有一些令人不快的经历（本质上是近代以来将"传统"视为沉重包袱、丢弃而后快的社会心理的承继）。比如，"破四旧"运动导致了社会混乱，使得一些珍贵的文物或毁坏，或丢失。但是随着改革开放的逐渐展开以及不断深化，思想文化的混乱局面逐步扭转。20世纪80年代，"国学热"重回神圣学术殿堂，民间的、官方的研究不绝如缕，推广传统文化的社团、机构如雨后春笋般不断出现。同时，传统文化理论层面的探索，也不再是封闭的"象牙塔"之学，而是和百姓的信仰、企业的经营管理、全民的德治理念等相结合，并渐渐进入体制内的教育。

当前，从理论到政治意识形态，全社会团结在"复兴梦"的理想旗帜下，形成了对科学历史思维重要性的共识。"复兴"唤醒了中华民族对自我文化传统的肯定。巍然屹立在世界东方的伟大中华民族，把中华优秀传统文化作为自信之本，昂然阔步，迈向未来。中国特色社会主义进入新时代，我们不再是被动地进入世界历史，而是做好了主动融入全球化的积极准备。如果说一百多年以来我们更多的是在世界的影响之下，那么强起来的中国则是以平治天下、关怀人类命运的心胸，秉承四海一家、天下为公的精神，努力为完善全球治理贡献自己的智慧。在改革开放全面深入的新时代，各民族的精神产品已经成为公共财产，民族的片面性和局限性日益成为不可能。可以说，面对宽广的世界舞台，中华优秀传统文化的理论创新和发展已经势不可当。

在新时代主流意识形态理论中，关于"实"的论述主要有：一是在对传统文化的评述中,认为儒家思想和中国历史上存在的其他学说都蕴藏着脚踏实地、实事求是、经世致用、知行合一、躬行实践的重要启示——既与我们对实学的上述广义解读紧密关联,又可作为"崇实黜虚"的实学宗旨;二是在当代治国理政各领域提出诸如"实干兴邦、三严三实、两学一做、九分落实、撸起袖子加油干""增强狠抓落实本领,坚持说实话、谋实事、出实招、求实效"等思想,对"实"的重要性、方法论及其运用领域做了很好的阐释,实质上是新时代"新实学"的最好表述,亦可看作新实学文化的当代指导思想来源。如果说中国共产党人的思想路线,从"实事求是"到"解放思想",强调的是对规律的认知、发现到不教条化地对待规律;从"与时俱进"到"求真务实",强调的是理论和实践的同步性;那么,被多次引用并赋予新时代含义的"知行合一",则强调的是,有了很好的理想目标和规律,就要认真地在行动中落实,避免说一套、做一套的"两面人"的分裂做法。

  认识(理论)和实践的关系,被马克思主义哲学作为认识论最基本的问题,其重要性不言而喻。在中国历史上,"实学"成为儒学最后一种阶段性学术思潮,颇具反讽意味。是否可这样说,主要不是理论出了问题,而是理论的应用出了问题,才最终导致失败?把儒学当成"敲门砖",当成"口头圣贤",自然不会有好下场。同样,社会主义在一些国家探索的失败,难道说是马克思主义学说本身出了问题?非也,或许更多的是在"结合点"上的实践运用中出现重大挫折。一个政党长期积累起来的"思想体系"不能不说严密、"理论"不能不说十分完善,但朝夕瞬变的事实说明,思想也好、理论也好,和实际、实践、实效的长期"两张皮"现象,引起垮塌不是不可能的。"实"的反面是"虚",而"虚"往往又和"假"联系在一起:没有真理性作为基石的实践、行动,迟早会走向自我覆灭。我想,这就是我们今天研究"新实学文化"的最终意义所在。

(朱康有,国防大学教授,中国实学研究会原副会长)

方以智与《东西均》

周勤勤

方以智的《东西均》和《易余》，被庞朴先生称为方以智的"两朵哲学姊妹花"。说来很巧，我与庞朴先生相识和结缘，正是因为方以智哲学研究和《东西均》一书。

20世纪90年代，我骑车到北京大学去听课，在海淀区路边看到有人摆地摊卖书，我不由自主蹲下来翻看，看到了中华书局1962年版的《东西均》，打开书一看，深深地被方以智的哲学概念和思想吸引了，于是赶紧买下来。从此，就开始研读《东西均》和方以智的其他哲学著作，并且把方以智哲学思想研究作为我博士学位论文的选题。

我依然记得，1999年在中国社会科学院哲学所西侧会议室举行的博士学位论文开题报告会上，庞朴先生问我为什么选方以智哲学进行研究，未及我回答，他就说："方以智哲学思想很精深，内容很丰富，涉及儒释道及易学、医学、音韵学等领域，其著作文字达三四百万字，而且文字艰涩，有许多自造的字，很难读懂。你选了一根难啃的骨头。"同时，又为我鼓劲说，"方以智研究现在还很不深入，就其哲学贡献和学术地位而言，确实值得好好研究。这使我想到侯外庐先生在出版《东西均》的'序言'中所说的话：'他的哲学和王船山的哲学是同时代的大旗，是中国十七世纪时代精神的重要的侧面。'"庞朴先生还拿出他在中华书局刚出版的《〈东西均〉注释》给我，并问我看过这本书吗。我说我买了，正在认真看。

很显然，庞朴先生很看重他自己的这本著作，因为他花了将近三年的时间才完成，倾注了很多心血。庞朴先生说："从60年代到80年代，我先后读而又废者，凡三次。"另一方面，也表明他对《东西均》哲学贡献有独到的认识。他说:"我越来越相信,它所抉发的宇宙奥秘,那个一分为三的道理,很有必要让更多的人知道,以利于认识世界。"

有了庞朴先生的《〈东西均〉注释》,对照1962年版的《东西均》研读,给我提供了很多方便,更加体会到方以智哲学思想的深奥和阅读、理解方以智哲学思想的不易以及庞朴先生的博学、严谨和独立思考的重要性。从此,我专注于方以智哲学思想的研究而不曾中断,去年我的"方以智'均'的哲学方法论研究"课题获得了国家社会科学基金一般项目立项。

《东西均》是明末清初哲学家、思想家方以智(1611—1671)的哲学著作,按照《东西均记》所记,《东西均》约写成于1652年前后,编于光绪十四年(1888)的《桐城方氏七代遗书》中的《方以智传》按语,曾有所透露,但其他文献既无著录,亦少有征引。中华书局1962年版的《东西均》所据底本,为安徽省博物馆所藏抄本,是方以智十一世孙方鸿寿所献之世代秘藏。抄本共三册,《东西均开章》为一册,《东西均记》至《译诸名》为一册,《道艺》以下又一册。除《兹燚𤈦》篇为行书外,全部楷书抄录,每页二十行,每行三十字;个别文句有方以智增改笔迹,说明系方以智生前抄成。全书分《东西均开章》、《东西均记》、《扩信》、《三征》、《尽心》、《反因》、《公符》、《颠倒》、《生死格》、《奇庸》、《全偏》、《神迹》、《译诸名》、《道艺》、《不立文字》、《张弛》、《象数》、《所以》(附:声气不坏说)、《容遁》、《食力》、《名教》、《疑信》、《疑何疑》、《源流》、《无如何》、《兹燚𤈦》、《消息》等篇。

《东西均》这部哲学著作,包含了方以智许多重要哲学思想和哲学命题。书中阐述了被其儿子和弟子高度赞誉的公因反因说。次子方中通在《周易时论》跋中便说:"老父会通之……一多相贯,随处天然,公因反因,真发千古所未发,而决宇宙之大疑者也。"弟子杨学哲在《禅乐府》跋中说:"吾师乎,吾师乎,公因反因,不二代错,激扬妙叶,真破天荒。"弟子左锐在《公因反因话》中说:"环中堂(方氏堂名)公因反因,诚破天荒、应午会矣!"

公因反因说在《易余·充类》篇的表述是:"极则必反,始知反因。反而相因,始知公因。公不独公,始知公因之在反因中。"不难看出,方以智所谓的"反因",接近于我们通常所说的对立两方的相反或对立,"公因"意味着两方的相成或统一,而统一即在对立中。方中通《物理小识》卷5的按语,将其简要概括为"公因,一也;反因,二也",方以智在《东西均》中说:"有一必有二,二本于一"(《反因》),"一在二中"(《全偏》),"一不可言,而因二以济"(《容遁》),等等。

他还用公因反因来解释许多现象,认为理解了公因反因说,就能够弄懂很多道理。"心、意识本非有二,读吾公因反因,则朗然矣"(《道艺》)。"若见破公因反因,直下原是旧时人。"(《道艺》)"吾既叹代错之几,明公因反因之故,而益叹一张一弛之鼓舞者天也。弓之为弓也,非欲张之乎?然必弛之养其力,乃能张之尽其用。急时张多乎弛,已必弛多乎张,明矣。"(《张弛》)"抑知有因、无因之共因于大因乎?抑知有因即无因,而后知天地人物之公因,又何碍言无因之因乎?抑知有相反相因,各各不相因为各各之因,以合众因而为一因乎?"(《象数》)

对于公因反因说,他认为并没有多少人能够认识到,"学者能知天地间相反者相因、而公因即在反因中者,几人哉!"(《所以》)对于相反相因,《东西均》有大量的表述,《东西均·反因》集中地讨论了相反相因的问题。他说:"吾尝言天地间之至理,凡相因者皆极相反。"他论证说:

> 且举大较言之,阳清阴浊,至相反也。霄壤县判而玄黄相杂,刚柔敌应则律吕协和,雌雄异形而牝牡交感,可不谓相因乎?水湿火燥,至相反也。坎、离继乾、坤立极,上、下经皆终水、火,民用甚急,刻不相离。人身之水、火交则生,不交则病,可不谓相因乎?河图相生,必变洛书相克,而后成用。四时之行,雨露而霜雪,春生而秋杀。吉凶、祸福,皆相倚伏。生死之几,能死则生,狗生则死。静沉动浮,理自冰炭,而静中有动,动中有静,静极必动,动极必静。有一必有二,二本于一。岂非天地间之至相反者,本同处于一原乎哉!

所谓"反因",不仅指相反,而且包括相因,方以智认为相反者必相因,相因者必相反。他提出了一些著名命题,阐发几近于辩证法关于矛盾的思想,如他在《三征》中说:"一不可量,量则言二,曰有曰无两端是也。虚实也,动静也,阴阳也,形气也,道器也,昼夜也,幽明也,生死也,尽天地古今皆二也。两间无不交,则无不二而一者,相反相因,因二以济,而实无二无一也。"

"尽天地古今皆二"表明矛盾存在于所有的时间和空间中,矛盾无处不在。"论涩河者,少所喜,老所忌,则一生自相反也。行路者,进一跬,舍一跬,则一步亦相反也。制器者,始乎粗,卒乎精,资所用,旋所弃,则工巧亦相反也。犀利之机,全用翻驳。反其所常,痛从骨彻。何往而非害乃并育、悖乃并行哉。"(《反因》)

方以智相反相因的思想与他对易经的理解直接相关,他在《全偏》中说:"上下二《经》,以二《过》收水火,与养《孚》对。以公因反因论之,《大过》送死,独立不惧,所以养生也;《小过》宜下,过恭、过哀、过俭,所以《中孚》上达也。"方以智关于相反相因的普遍性和实在性的论述,接近于辩证法对于矛盾的认识,这无疑是对中国古代辩证法思想史的一个杰出贡献。

《东西均》阐述了方以智富于辩证性的学说。方以智在《东西均开章》中即说:

> 均者,造瓦之具,旋转者也。董江都曰:"泥之在均,惟甄者之所为。"因之为均平,为均声。乐有均钟木,长七尺,系弦,以均钟大小、清浊者,七调十二均,八十四调因之(古均、匀、韵、钧皆一字)。均固合形、声两端之物也。古呼均为"东西",至今犹然(《南齐·豫章王嶷传》:止得东西一百,于事亦济,则谓物为"东西")。

方以智对"均"的使用,并没有局限在传统和日常意义上,而是加以引申使用,赋予其玄妙的哲学意义,把"均"看成合"交、轮、几"为一体的范畴。认为"均"自身具备金、木、水、火、土五行,宫音又与角、商、征、羽音相合,它所做的"旋""和"运动,不是用言语就能说出的,只能领悟,方以智为此花了十五年时间。"均备五行而中五音,所旋所和,皆非言可传。""十五年而得见轮尊。"(《东西均开章》)

"均"有"旋""和"两重特点。"旋"有盘旋、旋转、返还、归来和圆周形回旋及转运等意思,相当于"轮"。"和"则有和顺、谐和、调和及应和等意思,相当于"交"和"合"。"旋""和"运动背后不能言说的便是"几"。从"旋""和"之意思,便引申出"均"的哲学含义,"均"的作用就是将不调和的相对的两端加以和合,"均"有统一两端的意思。

"均"有运转的意思,指运动过程中的前后相续、首尾相衔,形成"轮",即"东西之分,相合而交至;东西一气,尾衔而无首"(《东西均开章》)。在方以智看来,"代而错者,莫均于东西赤白二丸"(《东西均开章》),日月有规律、和谐协调的周而复始的运行,昼夜更替,最能体现"代错"这一运动特点。

把"均"的两层含义结合起来看,方以智在《东西均开章》中认为:"两间有两苦心法,而东西合呼之为道。道亦物也,物亦道也。物物而不物于物,莫变易、不易于均矣。"方以智把"均""物""道"贯通起来看待,"均"就是"物物而不物于物"的"道"。"均的哲学"就是重"旋"与"和"、合"交、轮、几"于一体而富于辩证性的学说。

《东西均》中还有许多方以智具有独创性的概念和思想,如"∴说""阳主阴臣""天下之至仇即至恩""三而一""交、轮、几""随、泯、统""集大成"思想,等等。认真研读,你定会被其真知灼见深深吸引,叹服方以智的思想过人、智慧超群。

(周勤勤,中国社会科学院大学哲学院常务副院长、首席教授、博士生导师)

广义实学和狭义实学：实学概念随感

干春松

自从 20 世纪末葛荣晋教授倡导"实学"研究之后，"实学"作为一个中国哲学的重要思潮或范畴已经为学界所公认。"实学"观念的提出是儒家思想研究的一种深化，也是对中国传统思想中强调"实功""实行"倾向的肯定，与改革开放以来国人注重实践的社会风气在思想意识的体现。但随着实学研究的深化，人们对"实学"概念的认识也有所拓展，在本文中，我就谈谈自己对此概念的认识。

一 "狭义实学"：实学作为一种思潮的称呼

在明末清初，针对阳明良知自足的观点及其弟子肯定人欲、私心的倾向，许多人将明代灭亡的原因归之于王学之"游谈无根"，这样，以顾炎武、黄宗羲和王夫之等人为代表的明末清初的思想家进行了儒学内部的自我矫正。他们或注重对传统政治体制的批评，比如黄宗羲对传统政治制度的批判，比如顾炎武对经典训诂的强调，明末清初的学风为之一变。

比如清代的建立，从经济形态上，切断了江南开始繁盛的商品经济的发展，这也切断了阳明心学发展中的"讲会"和"民间儒学"的发展空间。清初对于汉族士人的思想压制也促使了考据成为学者们进行学术工作的主要倾向，这样就形成了乾嘉时期实学的基本面貌。

道光咸丰时期，社会危机加剧，实学的重心开始转向处理中西的器物和制度形态的关系。龚自珍对社会危机的认识和舆地的关注，魏源通过对有清一代经世文章的编撰都体现出当时知识阶层改革的愿望。

随后，西方的入侵让林则徐等人有开眼看世界的雄心，因此，在同治之后的实学，明显体现出对西方的技术乃至政治制度的关切，洋务运动可以看作这个时期实学思想的"实践体现"。曾国藩和李鸿章等人，既继承了清初实学对于考据辞章的关注，但同时也提出"经济"的重要性。

清末是实学的又一个高峰，以张之洞为代表的政治家提倡中体西用，这个素来被认为是保守主义的文化主张，其实蕴含了如何在坚持中国价值观的前提下吸收西方技术和管理方式的可能途径。从当时所创办的《实学报》看，清末对于"实学"的认识，主要是指西方的技术和政治制度等方面的内容。

二　广义的实学

如果说狭义的实学主要是指"明清实学思潮"的话，那么广义的实学主要是指儒家思想的"实践性"特质。"实"作为一种儒学立场的表达，既包含了儒学在修身、齐家、治国、平天下中注重修身实践以及将修身落实于具体的政治、社会管理实践中，也表明了儒家思想从本质上是一种"实学"。在这个意义上，实学是一种实践之学。

许多人往往把治国理政这样的领域称为"外王"之学，而修身正心视为"内圣"之学。这样的区分，并不准确。从儒家的立场来看，经世济民、博施济众就是儒生之最典型的标识。儒家着力于建构一种政治秩序，这种政治秩序是"合内外之道"，修身固然重要，若修己不能安人，那么修己之事便未能完成；若社会实践没有内在的道德价值作为基础，那么，儒家的秩序关怀就会失去方向。从这个意义上说，实学所指的是儒家的实践面向，实事求是、修己安人就是这种精神的最典型的写照。

这种实践之学体现在人物品评上，肯定一个人所作出的贡献、所产生的道德意义，而不仅仅依靠道德原则的衡量。

从人格理想上，体现为立功、立德、立言的对世俗的功业和道德实践的肯定。这种实践之学甚至构成了道德原则和事功原则之间的"平衡"，此亦可以称为"实功"，我们不能单纯从道德理想主义去理解儒学。比如围绕《论语》中"孔子许管仲为仁"的事件，孔子的弟子子路和子贡都提出了质疑，认为管仲这样的不能为他的主子公子纠殉死的人，怎么可能当得起"仁"这样的赞美呢？可是孔子的回答却表现出事功的因素对于判断一个人的重要性。在孔子看来，管仲能够不通过战争而"九合诸侯"，能维护文明秩序，这似乎也有将道德和事功结合来品评人物的倾向。

三　虚实之间

中国思想以儒释道三教既冲突又融合为基本特征。而在儒家看来，道家和佛教便是"虚学"，道家和道教注重个人自由和长生久视，佛教舍弃家庭和社会责任，退隐山林，以超脱生死轮回为目标，这些在儒家看来都是"虚"，是放弃了实际的社会生活。

当然，在明清的实学看来，宋明理学注重天理性命之学也是"虚"，不过这是儒学的内部争论，与整体上儒家和释道之间的虚实之辨不尽一致。

实干兴邦，空谈误国，我们现在正处于民族复兴的关键阶段，因此，继承和转化传统思想中的"实学"内涵，并将之转化为现实中的"实干"精神，这是实学研究的时代使命。

（干春松，北京大学教授，中华孔子学会副会长，中国实学研究会副会长）

实、实人、实事与实学

纪　翔

“实”之一字，繁体作“實”，汉代许慎《说文解字・宀部》：“实，富也。从宀从贯。贯，货贝也。”清代段玉裁注：“引申之为艸木之实。”又云：“贯为货物，以货物充于屋下是为实。”在金文中，“实”字写作“”，可以说古今字形变化不大，意义也是一以贯之的。

大多数汉字，都不会局限于字形原有的基本含义，尤其“实”这样的常用字，在古代和现代都有着丰富的内涵，但是我们结合字形和许、段等人的说法，可以看出“实”这个字还是有两个基本原则：一是要有好东西；二是好东西要充盈丰满，也就是不仅要好，还要多。就居家而言，财物丰足，可谓殷实，如《管子・牧民》：“仓廪实则知礼节。”就草木而言，生机饱满，方有果实，如《论语・子罕》：“苗而不秀者有矣夫，秀而不实者有矣夫。”

这里说“好东西”，不是泛泛而谈的，当用“实”去修饰或表达一个主体的时候，就是讲对这个主体有增益、有补充、有提升的内容。对家庭家族而言，财物丰足是最朴素的增益，对草木而言，果实饱满是生命的升华，因此都可以称为“实”，如果抛掉增益主体的价值导向，仅仅强调充盈，家里面满是老鼠、草木上满是蠹虫，这就不是“实”，反而是“虚”了。

但是如果主体不是家而是老鼠，那么“实”就要强调对老鼠的增益，“实有鼠患”，就是对老鼠而言的好东西了。同样的例子，比如讲“病”里面有“实症”，就是这个病理已经由虚转实，发展壮大，对病症而言的“实”，就是对人而言的“虚”，化解比较艰难了。故而鼠之实乃人之虚，贼之实乃国之虚，“实”的具体意义要服务于其主体。

从这里出发，我们来看一看"实人""实事"以至于"实学"。所谓"实人"，是说"老实人""实诚人"。《广雅·释诂一》："实，诚也。""实诚人"和"老实人"是相近的意思，重点都在"实"上。用"实"来表达人，就是说这个人充满了对人来讲好的东西，充满了有益于人生的东西。我们要看这个"实"的意义，就要看"人"是什么。

宋代周敦颐在《太极图说》里讲人是天地万物的精华"惟人也，得其秀而最灵"，正如马克思主义哲学讲人的本质实际上"是一切社会关系的总和"一样，传统文化中讲的"人"，从来不是脱离于社会生活实践的孤立者，而是属于人与自然、人与社会、人与自身各个层面关系中的一分子，并且内在地包含了人类社会的全息影像。因此，一个人仅仅顾着自己享受吃喝，不考虑各种社会责任，自私自利，并不是对自己作为人来讲的好事，他仅仅关注了自己作为肉体的一个方面的欲望满足，而没有照顾到作为人子的自己、作为公民的自己、作为万物灵长的自己，只有这些各个方面都向前进步，才是人的全面发展。

所以说，我们用"实"来形容人，就是要在这些方面有所充盈，可以在某一两个方面有非常明显的造诣，但是不能在其他方面缺陷过甚。有的人在家庭家族关系上搞得很好，如果他在其他方面缺陷不多，可以说是有兴家之实，但是如果他在公门贪赃枉法，在商场巧取豪夺，为一家之兴旺，夺万户之生机，这就是有巨大缺陷的人，而非"实人"。反过来看，如果有人事业做得很大，但对家人朋友残暴不堪，例如吴起杀妻、郦况卖友，虽皆有所成，吴起甚至在国家改革、战略战术多方面造诣颇高，都不能被称为"实诚人"，因为他们的成就，是以巨大缺陷为代价的。

我们再来看"实事"。《汉书·景十三王传》中评河间献王刘德"修学好古，实事求是"，是"实事求是"成语的起源。"实事"与"实物"是有区别的，"事"是一个动态的过程，是有人作为主体的过程，孔子在《论语·学而》里讲"敬事而信"，而"物"则偏向于静态，人可以在其中旁观，宋代程颢说："万物静观皆自得。"（《二程文集·明道文集一·秋日偶成》）现在人们也常说"办实事"，没有说"办实物"的。那么可知，"实事"的"实"要表达"事"，其根底还是表达事中的人，不过这个"人"，是事中的人。

比如说，某人经商多年，家财万贯，人们不说他办实事，一旦他衣锦还乡，出钱出力，组织修路造桥，创办义学义田，人们就要说他办实事了，经商为自己挣钱是事，拿挣来的钱做公益一样是事，但人们往往把后者称为"实事"。当然，经商之人若心怀天下，兴办利国利民之企业，商战之中维护国家国民利益，则皆在"实事"之属，这种事业就可称为"实业"。

可见，"实事"之"实"，和"实诚人"之"实"一样，是有价值导向的。而这种价值导向，就是说在这个事里面，所涉及的绝大多数相关方都受益了，办这个事的主体作为人的一个或几个方面得到了提升。

我们再回来看刘德的"实事求是"。《汉书》主要是在强调他从典籍中记载的那些"实事"出发，来"求是"，"是"可以说是规律，也可以说是一个确定的东西，就是说找到办实事的稳定的规律，来身体力行。刘德死后，中尉向汉武帝上报情况说"王身端行治，温仁恭俭，笃敬爱下，明知深察，惠于鳏寡"（《汉书·景十三王传》），可以看出刘德是照顾多个方面，努力成为一个"实诚人"的，这在同时代诸多王侯中可谓凤毛麟角。

近代，毛泽东同志创造性地转化"实事求是"用来表达马克思主义的真谛，他在《改造我们的学习》中讲："'实事'就是客观存在着的一切事物，'是'就是客观事物的内部联系，即规律性，'求'就是我们去研究。我们要从国内外、省内外、县内外、区内外的实际情况出发，从其中引出其固有的而不是臆造的规律性，即找出周围事变的内部联系，作为我们行动的向导。"

在这里，"实"被用作"客观存在"的意思，这是一个创造性的讲法。因为"客观""存在"这些词语虽也零星出现在古代典籍中，但却是近代以来在"日式"表达的作用下才大行其道的，普通老百姓并不知道其为何意，毛泽东同志一方面是用"客观存在"来解"实"，一方面也用"实"来解释"客观存在"，促进了马克思主义的中国化。

最后我们来看"实学"。与"实事"一样，"实学"之"实"是在表达"学问"的特性，而学问是由人做的，是人出于办一些事情的目的来做的，因此其根本上仍然跟人相关。有人才有万事，有万事才有学问，人在自身关系的各个方面中谋求发展和提升，就有了格物、致知、诚意、正心、修身、齐家、治国、平天下诸样事端，为了做成某一方面的"实事"，实心实意、实修实业，就要研究其中的规律，发掘实理，形成方法，实践成果琳琅满目，谓之"实学"。

因此，实学不仅仅是突出表现于明清之际的学术思潮，更是与理学、心学、气学等在分类方式上有所不同的学问。程朱之学之所以称为"理学"，是因为他们是围绕着"理"这个范畴展开整个学说体系的，并用这个学说体系去指导修身齐家治国的实践，王守仁之学被称为"心学"，张载之学被称为"气学"，也是类似的情况。因而理、心、气学之别，是核心概念的区别。但是实学则不是如此，实学之"实"不是从学问本身的范畴来讲的，而是从这个学问努力实现"办实事"、做"实诚人"的实际作用上来讲的。

在中国古代学术中，始终有着坚持"实"的学问而反对"虚"的东西的一帮人物，先秦的孔子、荀子、韩非子，东汉的王充，晋的裴頠，齐梁的范缜，唐的韩愈，宋的程朱，明清的王守仁、顾炎武、黄宗羲、王夫之、戴震，近代的曾国藩、左宗棠、张之洞等，他们因其所处时代不同，学问各有所重，但在崇实黜虚上都有着一贯的立场，他们都没有将"实"作为与理、心、气那样的一个核心范畴，而是在他们自身学问的各个方面，在做人做事的各个方面，都将"实"作为一种理念风格贯彻下去，开辟自己的道路。

因此，无论理学、心学、气学都可以做成实学，同时也都可能流入虚浮。但是这并不意味着"实学"可以泛泛而谈，不是某个思想家谈到了"实"就可以被称为"实学"，也不是某个思想家没怎么提到"实"字就不能称为"实学"，一种学问是不是"实学"，主要看它是否符合"实"的原则，看它的主要方面是否体现"实"的精神。这意味着，"实学"这个说法，实际上是给划分整个传统学术阵营提供了一种方式，并且这个方式是传统学术内生的，始终存在的，这一点意义重大。

人是社会历史的产物，不同时代有着不同的人和事，学问也是在不断发展进步的。新时代有新时代之"实"，认识到这个"实"，把握"实"的一以贯之的原则，做老实人，办老实事，发展"新实学"，是中华文化的传承者和创新者毋庸置疑的使命。

（纪翔，中共北京市平谷区委党校讲师）

·学会工作·

过往皆序章，未来皆可盼

——中国实学研究会第五届理事会工作总结

（2021年11月20日）

王 杰

自2016年11月27日在山东曲阜召开的第五次会员代表大会换届至今已整整五年，五年来，中国实学研究会紧紧围绕"建构当代新实学，打造当代新实学流派"的发展战略，动员组织全体会员和理事，研究实学、传播实学、应用实学、发展实学，抓好以实立言、以实立功、以实立德、以实交友、以实创新、以实兴会，在学术研究、阵地建设、传播运用、国际交往、创新创造、自身建设等方面有了较好较快的发展。总结分六个方面。

一 加强学术阵地建设，以实立言，实学研究成果丰硕

五年来，我会在民政部、教育部和中国人民大学的正确领导下，严格按照学会的章程和宗旨，在全体顾问、理事、会员的通力合作下，克服各种困难，积极开展各项理论研究、学术活动，努力拓宽各种学术交流渠道，共主办、协办了五十余次学术研讨会。

作为打造新实学的尝试，开设了"企业家论坛"并进行了学术研讨，组织了"领导干部学国学全国行"活动，推动中华优秀传统文化与增强党的

"四自"能力、与马克思主义中国化相结合,在学术和实践上探讨马克思主义与中国优秀传统文化相结合、与中国发展着的具体实践相结合的途径及结合点,发挥实学服务于社会发展的作用。为了拓展儒学创新与发展方面的学术研究,我会还先后举办了儒学与地方发展等各类学术研讨会,实学研究不断取得新进展、新成果,据不完全统计,近年来我会领导、理事在核心期刊上发表与实学和传统文化相关主题的学术论文近千篇,出版相关专著、编著七十余部,由中国言实出版社出版发行的"传统实学与现代新实学文化"丛书,在社会上和学术界积极传播实学和新实学理念,扩大了学术影响力,塑造了中国实学研究会的学术阵地新形象。我会还不断培养和挖掘实学研究的学术新人,一批硕士、博士研究生在实学研究领域取得了新成果,为实学研究、新实学传承后继有人打下了基础。

二 拓展实学传播渠道,以实立功,实学服务新时代取得了新成效

五年来,我会在广辟实学传播渠道上下功夫,与领导干部学国学组委会一道,开设实学直播间,创办"实学实修""领导干部学国学"公众号,举办读书会,筹办实学书院等,弘扬中华优秀传统文化,传播实学研究成果和新实学理念,扩大了中国实学研究会的学术研究范围和品牌影响力。

我会在中央党校大有书局启动了领导干部学国学读书会系列活动,特邀著名作家、文化部原部长王蒙为主讲人,我本人作为对话嘉宾,共同探讨传统文化与文化自信的关系,社会反响热烈,有效地传播了实学文化;我会与地方政府合作创办了八个"领导干部学国学示范区、示范基地",促进实学贴近社会实践。我会还主办了"文化自信与工匠精神研讨""第十七届亚太金融高峰论坛""苏商领袖年会暨实学与苏商精神论坛""走向深度——新实业的大道""美好生活需要与艺术滋养""健康中国战略与国医养生"等系列活动,传播实学思想和弘扬传统文化,促进了实学服务和促进社会经济发展,体现了"崇实黜虚、经世致用,求真务实、知行合一"的实学精神。2018年与2020年,我本人受邀两次参加了中宣部核心价值观百场讲坛的宣讲活动,

两次受邀参加了《百家讲坛》特别节目《平"语"近人——习近平总书记用典》的节目录播工作，为弘扬传播中华优秀传统文化作出了力所能及的贡献。

三 提高实学价值地位，以实立德，实学咨政育民的智库作用彰显

五年来，我会积极开动脑筋，策划多形式系列实学活动，提高当代实学的运用价值，发挥实学思想在咨政育民方面的积极作用，取得了良好成绩。

2017年，学会和中央党校哲学部、文史部、国际儒学联合会、中华炎黄文化研究会共同举办了文化自信与伟大复兴——学习贯彻两办《关于实施中华优秀传统文化传承发展工程的意见》座谈会；2018年，在两办印发《意见》一周年之际，我会还与有关单位共同举办了以"学习党的十九大精神弘扬中华优秀传统文化"为主题的学术研讨会。这两次活动，《人民日报》、央视等主流媒体都进行了新闻报道，对落实中央关于创造性转化、创新性发展中华优秀传统文化起到了积极推动作用。我会还参与举办了"第五届全国儒学社团联席会议暨学术研讨会""民间儒学与乡贤文化研讨会""第二届领导干部国学论坛——优秀传统文化与创新发展中国化马克思主义理论研讨会""第四届山东省青少年'国学达人'挑战赛决赛""第二届中华学子青春国学荟'国学达人'挑战赛全国总决赛"活动等，扩大了实学研究的广度和深度。

为了推动家庭家风家教建设，我会联合有关单位举办了"以孝治家全国推广大会"，主办了"家国情怀与家风家教暨《中华母亲》纪录片座谈会"，还在河南省博物院共同主办了"2018中原首届国学古乐春晚"等。这些活动，充分体现了中国实学研究会在传播传承中华优秀传统文化方面的责任担当，扩大了实学会的社会影响力。

为了推动新实学建设和实学思想的传播，发挥实学为社会经济发展服务的作用，我会主办了"中国实学会溧水书院"规划建设研讨会，开启了创办实学书院的筹备工作。特别是，我会与中央党校报刊社共同举办了"汲取历史文化资源，服务当代治国理政"研讨会暨"实学思想家故里行"活动启动仪式，围绕主题深入研讨新实学思想服务治国理政和地方发展的好做法、好

实践、好经验。五年来，我会勇于研究、勇于探索、勇于实践，"实学思想家故里行"先后走进了黄宗羲故里宁波余姚、顾炎武故里江苏昆山、李二曲故里陕西周至、二程故里河南嵩县等地，此项活动我们将在总结经验、发扬成绩的基础上，继续办下去，力争成为中国实学研究会咨政育民的一张新实学活动的品牌。

四 组织实学国际交流，以实交友，为人类命运共同体构建贡献实学力量

五年来，我会与韩国、日本的实学研究会，以及国内外其他学术研究团体，建立了广泛的联系，多次组织国内学者赴有关国家和地区进行会议交流、研讨讲学、学术研究等，传播中国实学思想，交流实学研究成果，用实学思想支撑人类命运共同体的构建。我会与一批海外学术研究机构和大学建立了良好的学术合作关系，主办或参与了二十余次国际学术研讨会，中国实学研究会正朝着面向世界探索经世致用的目标迈进。

2017 年我会在北京成功主办了"第十四届东亚实学国际高峰论坛暨中国实学研究会成立 25 周年纪念大会"，来自中、日、韩等国以及中国港、澳、台等地区的知名学者、政企人士等约四百人参加了论坛活动。2019 年我会组织部分学者到日本参加了"第十五届东亚实学国际高峰论坛"。现在正在筹备参加 2022 年将在韩国举办的"第十六届东亚实学国际高峰论坛"。此外，我会还在甘肃陇南成县主办了首届"中华传统文化与华夏文明探源国际论坛"，来自国际、国内多领域的三百多名专家、学者，分别从哲学、历史、地理、考古、文献、文化的视角，多维度深入探讨华夏文明的根源，取得良好的社会效果。我会还与有关机构联合主办了"第十届世界商业伦理大会暨首届百年企业传承论坛"，深化企业伦理建设研究，促进国际人文交流，融通融汇世界民心，围绕"一带一路与跨文化经营"主题展开研讨，海内外企业家、专家学者等近五百人参加了此次活动。

此外，我会先后多次参与主办了"董仲舒与儒家思想国际学术研讨会"，围绕董仲舒与儒学创新、董仲舒与汉代经学及其文化意义、董仲舒"大一统"

"天人合一""德礼政刑"等思想研究进行了深入交流研讨。努力发掘中华优秀传统文化的当代价值,服务于构建人类命运共同体的伟大事业。

五 探索实学创造转化,以实创新,新实学发展体系初步构建

五年来,我们开创性地工作,比如上面讲到的"实学思想家故里行"等系列活动的创新策划落地,推动两办发展传承中华优秀传统文化意见落实,推动马克思主义与传统文化相结合,推动家庭家风家教建设,创办实学书院等,都为新实学理论架构与发展体系的形成而立柱搭梁、添砖加瓦。

2020年,我会还与神东集团合作,专门成立了"神东精神"研究课题组,出版"神东精神"系列书籍。我会还先后为国家能源集团党校神东分校的两期"青年干部培训班"组织授课工作,受到了神东集团的充分肯定。我会副会长杨建国教授的专著《中国人的饭碗——读懂中国粮食安全》由中国财政经济出版社出版发行。这本书系统地回顾了中国共产党领导的粮食工作历史,总结了中国粮食安全的成果经验,是彰显中国特色社会主义制度显著优势的生动教材,科学地解答了"谁来养活中国"、如何"端牢中国人的饭碗"等现实问题。这是一部反映新实学思想、体现经世致用实学精神的重要著作。

六 完善研究会治理架构,以实兴会,实学研究会自身建设不断加强

五年来,我会按照章程规定和国家对民间社团组织的要求,不断完善研究会理事组织制度,以实聚友、以实兴会,把积极参与实学研究会活动、支持实学研究会工作、热爱中华优秀传统文化和热心研究传播新实学思想的专家学者吸收到理事会里来,发展成为我们的会员或会员单位,开展好理事会活动,做好会员工作,加强理事、会员之间的交流互动,充分发挥好理事、

会员、理事及会员单位的积极性，共同推动中国实学研究会各项工作的健康发展。

我会制定和完善了一系列规章制度，健全会长会议制度、秘书处办公制度、理事与会员大会制度等。我会目前有固定的办公场所和相对稳定的工作人员。我们有较健全的财务管理制度，有较完备的会议记录、印章与文件管理、档案收集管理等规定，这些良好的日常管理工作，在接受民政部社团组织评级检查指导时得到了充分肯定。

近年来，中国实学研究会不断加强党的建设，积极开展党建活动，认真组织学会党员同志学习习近平新时代中国特色社会主义思想，学习习近平总书记关于弘扬传承创新中华优秀传统文化的一系列讲话精神，在政治上保证实学研究会的办会方向。在今年庆祝建党百年活动中，组织我会在京党员赴香山革命纪念馆参观学习，坚定理想信念，增强做好学会工作的信心，丰富了学会党员的政治文化生活。

总的来说，回顾五年工作，我们取得了丰硕的实学研究学术成果，开展了一系列有影响力的丰富多彩的新实学研究、传播、运用、发展活动，赢得了社会广泛认可，品牌效应初现，工作成绩显著。但我们在看到成绩的同时，也清醒地认识到我们还存在着不少的问题和不足。

一是在构建新时代的新实学研究体系方面的工作需要进一步加强，以更好地体现实学精神和办会初心；二是在抓好为会员、理事服务工作方面的举措方面，需要进一步丰富提高，以更好地团结带领会员、理事把实学会的各项工作办得更好；三是还要在抓好实学会自身建设方面下功夫，健全队伍，弥补缺失，规范管理，依法依规推动中国实学研究会各项工作有条不紊地开展。这些问题和不足，我们要在今后的工作中予以克服和重视。

过往皆序章，未来皆可盼。今后五年，让我们实学会全体同仁携起手来，认真总结经验，站在已有成绩的基础上，在即将选出的新一届领导班子的带领下，眺高望远，做好未来五年的工作，继续开辟实学会发展的美好明天！

中国实学研究会第六届理事会五年工作规划

中国实学研究会第六届理事会以习近平新时代中国特色社会主义思想为指导,深入贯彻党的十九大和十九届历次全会精神,全面落实习近平总书记关于文化建设与哲学社会科学工作重要讲话、重要指示批示精神,动员、组织、团结全体理事、会员以及海内外热心实学与中华优秀传统文化的各界人士,坚持马克思主义基本原理与中国具体实际相结合、同中华优秀传统文化相结合,加强对实学思想与中华优秀传统文化的研究阐发、传播普及、对外交流和实践应用,为中华民族伟大复兴、人类命运共同体建构、人类文明新形态建设贡献实学智慧与实学力量。

一 未来五年的发展目标

中国实学研究会第六届理事会五年发展目标,概括起来就是:"一个定位、两个注重、三个展开、四个建成"。(1)一个定位就是围绕"构建新时代新实学体系,打造新时代新实学流派"战略定位。(2)两个注重就是注重推进实学思想与中华优秀传统文化的创造性转化、创新性发展,注重推进马克思主义基本原理与中华优秀传统文化包括实学文化相结合。(3)三个展开就是着力展开对实学思想与中华优秀传统文化的系统研究,着力展开对实学思想与中华优秀传统文化的传播普及,着力展开对实学思想与中华优秀传统文化的实践应用。(4)四个建成就是努力将中国实学研究会建成新时代一流学术阵地、一流文化智库、一流协作平台、一流社会团体,为中华民族伟大复兴、人类命运共同体建构贡献实学智慧与实学力量。

二　未来五年的项目计划

（一）未来五年，实学会要把已经成熟的几件事情做好

第一，创办实学会会刊《中国实学》，第一辑组稿已经完成；编纂出版"实学思想家丛书"，第一批十本组稿已完成，预计2022年由中国社会科学出版社出版。第二，继续做好与神东集团的培训项目合作；继续推进与准能集团合作的准能书院和实学林项目。第三，继续组织推进"实学思想家故里行"活动，目前已走进四个城市。第四，继续做好与相关学术机构联合主办、协办的国内外学术交流活动。第五，做好中国实学网、实修实学微信公共平台的维护与传播工作。

（二）未来五年，积极推进正在洽谈的几件事情

第一，与清华大学、北京大学有关科研机构联合共建实学书院、文明学研究院等事项；第二，适时启动全国实干家高级进修班，拟与国际儒学联合会教育传播普及委员会等机构联合主办，首先在山东开展试点；第三，适时启动与中国职工电化教育中心关于职工素养及职工技能系列培训的合作项目；第四，适时启动与良业科技集团合作的高质量发展文化论坛项目。

（三）未来五年，要努力做到的几件事情

第一，适时启动专业化的实学与中华优秀传统文化研究文献信息平台建设工程，把握数字化、网络化、智能化融合发展的契机，打造实学研究不可或缺的垂直性强、覆盖率高的文献信息数据库，以提高实学专业研究学者查找使用数据库的效率。第二，借鉴国家社会科学基金重大项目申报制度的成熟做法，建立实学与中华优秀传统文化课题申报机制，动员、组织第六届理事申报实施课题，形成实学研究的系统化协同共创能力。第三，要继续组织实施好实学思想与优秀传统文化的国际研究、交流与传播，建立中日韩三国学术交流机制，在条件成熟时，争取注册成立东亚实学联合会，在努力建构

新时代新实学的同时，积极参与并主动引领东亚新实学的构建。第四，启动"寻找实干家"大型文化公益活动，主动参与引领新时代精神标识的锻造形成。要增强实学思想与中华优秀传统文化对物质文明、政治文明、精神文明、社会文明、生态文明建设支持作用的深入研发、综合研判和战略谋划与协同推进能力，构建新时代新实学实践体系。第五，实学会将设立媒体部或宣教部，把修炼内功与文宣推介结合起来，多种形式加强对实学会成员、活动和成果的宣传展示力度，提高在社会各界的影响力。

三　未来五年的重点工作

（一）坚守创会宗旨，努力建成新时代一流学术阵地

中国实学研究会是教育部主管、民政部注册的国家一级学术社会团体，必须坚守以研究交流实学与中华优秀传统文化为根本的创会宗旨，动员、组织、团结全体理事、会员以及海内外热心实学与中华优秀传统文化的各界人士，始终坚持以学术研究交流为第一要务，努力将中国实学研究会建设成为构建新时代新实学话语体系、学术体系、学科体系的一流学术阵地。

1. 建立实学与中华优秀传统文化研究文献信息平台建设机制

习近平总书记指出："世界上一些有识之士认为，包括儒家思想在内的中国优秀传统文化中蕴藏着解决当代人类面临的难题的重要启示"，并在枚举的一些重要思想中明确提到了"关于脚踏实地、实事求是的思想，关于经世致用、知行合一、躬行实践的思想"。实学与中华优秀传统文化理论研究无疑是中国哲学人文社会科学研究的重要组成部分。鉴于哲学人文社会科学分科分支繁多、文献数据库海量、检索甄选成本较大，很有必要启动专业化的实学与中华优秀传统文化研究文献信息平台建设工程，把握数字化、网络化、智能化融合发展的契机，打造实学研究不可或缺的、垂直性强、覆盖率高的文献信息数据库，以提高实学专业研究学者查找使用数据库的效率。在条件成熟时考虑启动实体型、智能化实学与中华优秀传统文化文献中心建设，为实学与中华优秀传统文化研究提供优良的硬件环境与基础条件。

2. 建立实学与中华优秀传统文化作品发表出版激励机制

建立实学与中华优秀传统文化作品发表出版激励机制，重点支持推进实学思想与中华优秀传统文化创造性转化、创新性发展的最新成果，重点支持推进马克思主义基本原理与实学思想、中华优秀传统文化相结合的最新成果。实学会拟创办会刊《中国实学》，编纂出版"实学思想家丛书""新实学文库"等系列图书，已经与中国社会科学出版社达成出版合作意向，对发表在会刊上的以及发表在国家、省部级核心报刊上的学术论文作者，对列入"实学思想家丛书""新实学文库"以及在国家、省部级重点出版社出版发行的学术著作编著者，给予激励作用较强的荣誉奖励与物质奖励，促进实学研究成果数量与质量双提升。

3. 建立实学与中华优秀传统文化课题规划与申报机制

新时代新实学话语体系、学术体系、学科体系的构建，要置身于新时代中国特色社会主义伟大事业、中华民族伟大复兴事业、人类命运共同体构建、人类文明新形态建设事业的伟大实践之中规划推进。这种体系建构，需要系统化的团队协作。中国实学研究会在条件成熟时将做好实学与中华优秀传统文化研究架构的顶层设计与课题规划，借鉴国家社会科学基金重大项目申报制度的成熟做法，建立实学与中华优秀传统文化课题申报机制，动员、组织第六届理事申报实施课题，形成实学研究的系统化协同共创能力。

4. 建立实学与中华优秀传统文化学术交流活动系列化组织推进机制

"实学"是一个动态的、开放的、发展的范畴，新时代带来新实践，新局面呼唤新实学。新实学既包含对传统实学精髓的传承与弘扬，也包含对近代以来实学和实业思想发展的提炼和总结。要克服学术交流活动中存在的随机化、碎片化、离散化、重叠化弊端，通过规划组织推进系列化学术交流活动，对已有的理论专题、学术观点、代表人物、典型案例，对基础理论在实际应用中涌现的新问题、新探索、新成果，进行系统化的梳理研讨，形成系列化学术交流活动成果。

5. 建立实学与中华优秀传统文化学术研究经常性国际合作交流机制

中国实学研究会具有国际合作的资质，要继续组织实施好实学思想与中华优秀传统文化的国际研究、交流与传播。在条件允许的情况下，继续组织国内学者赴日本、韩国、美国、德国、加拿大、越南、马来西亚、新加坡、澳大利亚以及中国香港、台湾等地开会、讲学、合作研究项目。联合东亚学界共同深入持续开展实学思想研究，在中、日、韩三国实学界已经形成联合主办、轮流举办中日韩三国实学国际高峰论坛的基础上，应用网络技术建立经常性合作交流机制，在条件成熟时争取注册设立东亚实学联合会，在努力建构新时代新实学的同时，积极参与并主动引领东亚新实学的构建。

通过上面五项机制的建立，充分调动理事、会员共同构建新实学体系的积极性、主动性，广泛发动更多的学者与实际工作者参与其中，通过策划、组织、支持、实施课题研究、论文发表、专著出版、会议论坛等一系列落在实处、不断持续的具体活动，使这种新时代新实学话语体系、学术体系、学科体系建设的战略构想逐步得以实现。

（二）积极开拓创新，努力建成新时代一流文化智库

中国实学研究会有众多国内顶尖学者、领域研究骨干力量、各界活跃人士为理事、会员，要加强理论研究、传播研究、应用研究、实践研究和协同研究，努力将实学会建设成为构建新时代新实学传播体系、应用体系、实践体系的一流文化智库。

1. 不断提升传播研究与普及能力，构建新时代新实学传播体系

习近平总书记强调指出："要不断提升中华文化影响力，把握大势、区分对象、精准施策"，"要把优秀传统文化的精神标识提炼出来、展示出来，把优秀传统文化中具有当代价值、世界意义的文化精髓提炼出来、展示出来"。我们要深刻认识在移动互联与全媒体覆盖率极大提高、人人都可自媒体的新形势下，研究和做好传播普及工作的重要性和必要性，下大气力加强传播体系与普及能力建设，不断提高面向报刊、电视、广播等传统媒体与主流网媒、自媒体、音视频直播、虚拟社群等互联网新媒体的内容创作、形式创新、推扩创高的研究与实施水平，形成与具有国际合作资质的国家一级学会相匹配的传播普及话语权，做文化领域传播普及的示范者、引领者与解决方案提供者。中国实学研究会将专门设立媒体部或宣教部，在传播普及、舆论引导、

对外交流等方面发挥重要作用,把修炼内功与文宣推介结合起来,多种形式加强对实学会成员、活动和成果的宣传展示力度,提高在社会各界的影响力。

2. 不断提升应用研究与转化能力,构建新时代新实学应用体系

要善于把中国实学研究会的学术资源优势转化为决策咨询、深度应用的发展优势,将建设文化领域高端智库作为新时代新实学事业拓展升级的战略支点,在咨政建言、发展决策、高端培训、文化研修、社会服务、对外交流等方面不断提升新实学应用研究与转化能力。对可能形成政策建议、咨政建言、发展决策、高端培训、文化研修、社会服务、对外交流的成果要及时组织跟踪研究,对时效性强的成果要及时实现转化。要把基础理论研究与应用对策研究结合起来,紧紧围绕各级党委、政府、各类企业文化决策急需的重大课题,开展针对性、前瞻性、储备性研究,提出建设性、专业性、适用性强的政策建议、发展规划与咨询方案,对准决策需求,理论联系实际,注重把握研究成果的转化规律,解决"接地气"的问题,多出"对路管用"、有前瞻性的研究成果和对策建议。

3. 不断提升文化引领与实践能力,构建新时代新实学实践体系

习近平总书记经常强调与倡导"大道至简、实干为要""注重实际、实事求是""脚踏实地、求真务实""知行合一、躬行实践""一分部署、九分落实""崇尚实干、狠抓落实""社会主义是干出来的""撸起袖子加油干""谋事要实、创业要实、做人要实""要把做老实人、说老实话、干老实事作为人生信条","实"已经成为新时代社会主义道德修养与文化气韵的鲜明精神标识。实学会要在习近平新时代中国特色社会主义思想及其关于"实"的理念指导下,不断提升文化引领与实践能力,积极贯彻中共中央关于传承中华优秀传统文化的文件精神,大力倡导实学知行合一、躬行实践的德行观念,探索开展以实学实德为主题的企业文化、校园文化、社区文化、地域文化建设规划等活动,以知行合一、躬行践履的实德精神引领新时代价值体系建设。积极探索实德精神在各界别、各行业的贯彻实践,启动举办"寻找实干家"等大型文化公益活动,主动参与引领新时代精神标识的锻造形成。要增强实学思想与中华优秀传统文化对物质文明、政治文明、精神文明、社会文明、生态文明建设支持作用的深入研发、综合研判和战略谋划与协同推进能力,

构建新时代新实学实践体系。

（三）秉持开放精神，努力建成新时代一流协作平台

中国实学研究会作为具有学术交流、理论研究、业务培训、国际合作、咨询服务等资质的全国性教育类社会团体，要充分发挥十分难得的平台优势，秉持开放精神，善于纵横融合，努力将中国实学研究会建设成为资源互补、信息互通、协同互动、项目共创、事业共建、成果共享的新时代一流协作平台。

1. 稳健发展个人会员与单位会员

会员是一个社会团体、一个社会组织最基础的力量，发展会员是一个社会团体、一个社会组织最基础的工作。中国实学研究会目前个人会员序列比较健全，会员单位序列里目前主要有理事单位与副理事长单位，下一步要将个人会员序列与会员单位序列都完善起来。会员部要制定会员发展标准、发展计划、发展措施与会员联系、管理、服务办法，稳健发展个人会员与单位会员，既要积极宣传推广，又要严格把关，数量服从质量。中国实学研究会对个人会员、单位会员既要加强联系管理，使各位个人会员、单位会员成为实学研究会发展壮大的核心合作伙伴、成为未来实学发展的中坚力量；又要切实做好服务，让个人会员、单位会员通过实学会这个平台有所收获、有所提升、有所发展，我们欢迎各位共谋实事、共建项目、共立事业、共享成果。

2. 规划推进与著名高校科研机构共建合作平台

实学会要根据创会宗旨和发展方向，因应新时代国家社会发展态势的需求与战略布局，坚持内容创新和制度创新"双轮驱动"，以需求为导向，联合著名高校科研机构共建合作平台，实施强强联合、优势互补，研究解决国家、社会和时代热点、难点问题。目前正与清华大学、北京大学有关科研机构在谈联合共建实学书院、文明学研究院等合作平台，要优化和强化合作平台的顶层设计，明确各方在共建链条不同环节的功能定位，提升合作平台整体效能。要积极做好各项筹备，确保顺利启动，确保后续各项活动畅通开展。策划启动全国实干家高级进修班，为更好贯彻落实习近平总书记关于"实干"的指示精神，促进全国各界人士实学实干能力的有效提升，以习近平新时代中国特色社会主义思想为指导,以马克思主义基本原理与中国具体实际相结合、同中华优秀传统文化相结合为重点,以"实学、实修、实创、实干"教化养成体系为骨架,规划设计与组织实施好全国实干家高级进修班,拟与国际儒学联合会教育传播普及委员会等机构联合主办,首先在山东开展试点。

3. 善于依托平台优势组建各种协作体系

进一步推动与社会各界的合作,加强与各级党委政府、相关实务部门、各类企业之间的联系沟通与协作研究,打造跨地域、跨部门、跨行业的协作体系,形成规则共商、信息共享、项目共创的协作格局,实现学术资源、人才资源、资金资源、项目资源的科学配置和合理调动,发挥协作体系对促进发展的乘数效应。拟策划启动参与中国职工电化教育中心举办的职工素养及职工技能系列培训的合作项目,继续做好与神东集团的项目合作,在条件成熟时启动与准能集团合作的准能书院项目,启动与良业科技合作的高质量发展文化论坛项目。继续组织实施好"实学思想家故里行"活动,要进一步延展活动形式,拓展活动成果,把举办会议活动与共同编撰专题著作、打造地方文化名片与文化地标结合起来,助力地方历史文化资源"活起来"。

(四)加强自身建设,努力建成新时代一流社会团体

中国实学研究会作为教育部主管、民政部注册的国家一级学会,要重视固本强基,加强自身建设,努力将中国实学研究会建设成为组织治理体系完善、规章制度健全、资金来源持续稳定、专兼职人员分工协作的新时代一流社会团体。

1. 进一步完善组织治理体系

要以新时代一流社会团体的建设目标来谋划推动实学会自身建设,进一步完善组织架构与治理体系,形成权力机构、执行机构、分支机构、办事机构、监督机构相衔接的组织架构。权力机构规范运行,会员代表大会按章程规定的时限、条件和程序召开,按规定开展换届工作。执行机构规范运行,理事会和领导机构按民主程序产生,不断健全理事会并履行好职能,每年至少召开一次理事会和两次常务理事会。分支机构暂不设立,如确有需要,严格按程序设置,并制定管理办法,确保其规范地履行活动职能。办事机构规

范运行，秘书处及其办公室、学术部、会员部、事业发展部、媒体部、财务部以及党组织按规定程序产生，并且职责明确、运转协调。监督机构稳步建立，在条件成熟、有适宜人选时按规定程序设立监事会，保障支持监事会开展工作。

2. 建立健全的规章制度体系

没有规矩，不成方圆，中国实学研究会的稳健运行离不开规范化管理的制度。要进一步加强研究会制度建设，根据发展需要修订完善章程与各项制度，尤其是会议决策制度、执行管理制度、印章管理制度、收支管理制度、档案管理制度等。健全会议制度，秘书处每周至少召开一次工作例会，会长办公会每月至少召开一次，领导班子会议每季度至少召开一次，常务理事会每半年至少召开一次，理事会与会员代表大会每年至少召开一次。健全决策执行全程记录机制，实行工作日志、大事记、简报、年鉴制度，规范工作、支持评级、利于传播、便于结集出版。注重抓好印章管理、收支管理、档案管理等其他核心环节的制度完善与日常落实。

3. 建立稳定的可持续的资金来源

实学会的稳健运行离不开稳定的可持续的收入支撑。积极组织会费收入，会费是学会开展工作的一项基础性经费来源。会员发展与会费收支是学会正常运转的一项基础性工程，要规范、安全、高效地做好会员发展与会费收入工作。积极组织捐赠收入，捐赠收入是学会开展工作的一项重要经费来源。策划开展公益性活动、实施公益性项目，主动联络有关公益基金机构、有文化情怀的企业家、慈善家，寻求各种形式的捐赠支持。积极组织项目收入，中国实学研究会是具有学术交流、理论研究、业务培训、国际合作、咨询服务等资质的全国性教育类社会团体，要依托自身优势，积极申报国家社会科学基金或其他基金课题，与地方党委政府及各部门、与各类企业合作各种允许的项目，按照非营利原则组织项目收入。要千方百计地组织会费收入、捐赠收入、项目收入及其他收入，为各项工作的开展提供必要的经费与物质保障。

4. 建立专兼职人员分工协作体系

进一步明确会长、副会长、秘书处及各部门工作人员的工作职责与工作流程，建立年度述职制度，班子成员与各位专兼职人员要增强责任意识，在其位谋其事，在其职履其责。兼职人员兼职要兼顾，积极参与谋划推动工作；专职人员要一专多能，成为复合型人才。要加强中国实学研究会战略建设、文化建设、品牌建设、党组织建设，通过实施目标管理、建立激励机制，调动激发专兼职人员尽职尽责的积极性和主动性，形成谋事创业的良好发展格局。

使命呼唤担当，目标引领未来，让我们振奋精神、坚定信心、扎实苦干、开拓进取，努力建构新时代新实学的话语体系、学术体系、学科体系、传播体系、应用体系、实践体系，努力把中国实学研究会建设成为新时代一流学术阵地、一流文化智库、一流协作平台、一流社会团体，为实现中华民族伟大复兴、构建全球人类命运共同体、建设人类文明新形态贡献实学智慧与实学力量！

第三届黄河文化与二程理学当代价值高层论坛综述

李春蕾

2021年10月16—17日，由中国实学研究会、河南省社科联、中华孔子学会、北京大学哲学系、清华大学哲学系、郑州大学、河南大学联合主办，河南科技大学、洛阳师范学院、洛阳理工学院、洛阳市社科联、中共嵩县县委、嵩县人民政府联合承办的第三届黄河文化与二程理学当代价值高层论坛暨"实学思想家故里行"走进嵩县站活动在河南嵩县成功举行。来自中共中央党校（国家行政学院）、北京大学、清华大学、中国社会科学院、河南大学、郑州大学等高校和科研究院所的一百余位专家学者围绕二程理学与实学，二程生态思想与黄河生态文明建设，二程理学思想与黄河文化、河洛文化，二程理学思想精华与当代价值等问题进行了主旨演讲和学术研讨。

一 二程理学与实学

实学是中华优秀传统文化中以"经世致用、实体达用、崇实黜虚、知行合一"为宗旨的一门学问。二程思想当中蕴藏着实学的精神。中共中央党校（国家行政学院）教授、中国实学研究会会长王杰在开幕式的致辞中指出，二程提出的"穷经以致用"，"帝王之道，教化为本"等主张，从其思想旨向与核心精神上讲，与实学"经世致用、知行合一"的精神特质相一致。实学与理学、心学等范畴，并不是非此即彼、相互对峙的简单僵化关系，而是对一种思想、一个学说从不同面向所作的定位与标识。二程思想既可以说是理学的，也可以说是实学的。此外，河南洛阳作为明清时期两程祭祀祠堂唯一建筑遗存的所在地，应该有文化自信和文化自觉，把两程故里建设好，把二程思想弘扬好。应当把二程思想研究和弘扬自觉放到构建中华民族的精神家园中来，自觉放到对中华优秀传统文化的创造性转化和创新性发展中来，打造嵩县中华优秀传统文化传承创新高地，为实现中华民族的伟大复兴提供精神力量。

二程的实学思想体现在其修身治学的态度上。程颐主张"治经，实学也"，充满了实学色彩。北京大学儒学研究院副院长、中国实学研究会副会长干春松指出，实学不仅仅指事功，修身亦有实和虚的区别。实学是一个相对的概念，相较佛老而言，儒家强调入世精神，因而佛老为虚，儒家为实。在儒家内部，同样是治学，拘泥于章句、埋首于故纸堆中是虚，主张经世致用则是实。

二程的实学思想体现在其强民本、厚民生的为政理论中。中国实学研究会副会长、江苏省社会科学院哲学所原所长胡发贵指出，二程具有"经世济物之才"，表现在三点。首先，二程在继承传统民本思想的基础上，强调为政首先要关注民生，使民生富厚。厚民生的关键在于制民恒产。其次，二程的治国理念本人情、合物理。二程认为物质生活是一切的前提和基础，物质生活富足，礼教必昌明。最后，二程主张一种"从宜适变"的赈灾理念。总之，二程的学说一重"觉斯民"，一重"寿斯民"，既有形而上的天理关切，亦有人伦日用的民生倾情。中国实学研究会理事张跃龙亦指出，二程提出的厚民生、顺民心、不扰的治国理政的观点，同当前党和政府以人为本的治国理念相一致。因而有必要对二程思想作深入的挖掘研究。

二程的实学思想体现在其对中庸思想的阐发上。河南大学哲学与公共管理学院教授赵清文从二程对"中庸"思想的阐发这一视角分析了二程思想当中的实学色彩。一方面，《中庸》不是对道理的空洞阐发，而是从内到外、从"理"到"事"对儒家内圣外王之道的系统论述。它既注重义理，旨意宏远，又是真正的"实学"。另一方面，在二程的理学体系中，中庸之道的核心和本质，其实就是"天理"。"理"虽然是形而上的概念，但它却不是空虚无用的。二程主张"唯理为实"，理是客观的、自然的存在，天地万物都是理的体现，而理亦是天地万物的准则。

二程的实学思想还体现在格物致知的理论当中。程颐三十三世孙、中国新闻杂志社《市县风采》期刊主编程向阳认为，二程理学的精髓是格物致知，格物致知思想包含着最基本的唯物实证思想，这与中国共产党所主张的"实事求是"思想路线高度契合，因而应当准确理解、大力传承弘扬。

二 二程思想与黄河文化

与会学者围绕二程思想与黄河文化进行了热烈讨论。一方面是二程生态思想与黄河生态文明建设。中共中央党校（国家行政学院）督学乔清举介绍了二程的生态哲学思想。他指出，二程提出的"天人本无二，不必言合"的天人关系论、"自家心就是草木鸟兽之心"的生态德性论、参赞化育的生态工夫论和"仁者浑然与物同体"的生态境界论，建立了一个完整的生态哲学体系，奠定了宋明时期儒家生态哲学的基础，为当今社会生态文明建设提供了有益借鉴。广州南方学院综合素养部副教授郭继民指出，宋明理学蕴含丰富的生态思想。程颢用"天理"贯通了宇宙万物，他不但让宇宙间的一切生命都"活泼泼"地流动起来，而且使人之理与自然之理交互贯通。天人贯通之理乃彰显了整体自然观，可视为中国古典的生态本体论。华北水利水电大学副教授化秀玲阐发了二程的生态伦理思想。她指出，程颢的生生之仁弘扬的是儒家仁民爱物的仁学精神，"仁者以天地万物为一体"既表现了上下同天地同流的高远境界，又表现了关爱万物自然的生态情怀。程颐则发展了《周易》阴阳变异的思想，形成了他阴阳变化的辩证自然观。在生态伦理观念上，他提出"循礼之乐"，与程颢的"仁者与物同体"之乐不相同，更强调自然与社会的秩序。深入探讨二程理学生态思想，有助于更好地挖掘儒家生态伦理的意蕴和精华，促使传统文化中生态伦理思想的现代转型。

另一方面是二程理学思想与河洛文化。黄河文化是中华民族的根和魂，是中华文化的重要组成部分。诞生于伊洛之地的二程思想是黄河文化与中原文化的思想结晶。尼山世界儒学研究中心副主任、孔子研究院院长杨朝明在贺信中表示，二程是习近平总书记肯定的中国古代有重要影响的思想家、哲学家，二程理学蕴含的丰富哲学思想、人文精神、教化思想、道德理念，是黄河文化中极具时代价值的精华。这次论坛聚焦黄河文化与二程理学当代价值主题，对于探索如何继承与发展二程理学的精神传统，弘扬黄河文化精神，具有十分重要的意义。郑州大学新闻传播学院教授汪振军阐述了二程思想的历史地位以及当代价值。他指出，河洛地区是以中原文化为代表的黄河文明的核心和发祥地，河洛文化是中华文明的摇篮，在中国文化史上占有十分重要的地位。而二程思想是河洛文化的结晶，在中国思想史上占有重要地位。二程思想的当代价值在于其天人一体的生态理念、穷理探源的科学精神、浩然之气的人格修养、至大无我的人生境界。当下研究黄河文化与二程理学思想，要将二程思想与当下现实相结合，与时代精神相结合，实现创造性转化和创新性发展。

三　二程理学的思想精华与当代价值

二程理学对中华传统文化的创造性转化、创新性发展具有借鉴价值。原中共中央党校副校长徐伟新指出，二程在继承儒家传统思想的基础上，汲取道家道法自然的思想，将天理贯通于自然、社会、人伦及个体道德的心性修养，创新发展，将中国传统哲学思想推进到新的阶段，这为中华传统文化创造性转化、创新性发展提供了有益借鉴。此外，程朱理学构建了一个更加完善的，包括以天理立心、以节欲养心、以诚敬立身、以正身治家、以义理处事在内的道德哲学体系，其思想具有共同性、普适性。

二程理学对构建新时代中华民族精神家园具有重要价值。河南省社科联主席、中原学研究中心主任李庚香对二程的思想精髓以及二程理学对建设现代化强国的借鉴价值和启发意义进行了阐述。他指出，二程理学思想的精华在于二程理学解决了思想体系中多样性与统一性的关系，使中华民族思想体系呈现完整的面貌。最大意义在于掂量出"天理"二字，最核心要义在于"以公释仁"，最大价值在于实现了从道德到伦理的转化，重大成就在于理清了知行关系，最大贡献在于为中华民族找到了一种精神内在超越的出路，为中华民族精神家园的建设打下了良好的基础。二程思想对建设现代化强国的借鉴价值有四点。一是二程王道政治启发我们坚持以理服人，走和平发展的现代化道路。二是二程成功面对佛老的挑战，重构儒学，有助于当下提炼中国价值，树立价值观自信。三是有助于建设人类文明新形态，构建有引领力和凝聚力的社会主义意识形态，有生命力和创造力的精神文明，有影响力和竞争力的文化软实力。四是二程民胞物与的思想有助于积极构建中华民族共同体和人类命运共同体。嵩县二程理学研究会副会长吴建设指出，中华文化的基本精神，是中华民族在长期发展过程中形成的基本价值取向和精神追求。而在中华文化基本精神的传承和发展过程中，二程起了不可磨灭的作用。二程对天人合一的思维方式、刚健自强、生生不息的创造精神，以人为本、心忧天下的家国情怀、崇德向善、至公无我的人生境界的中华文化的基本精神的传承与阐发，作出了巨大的贡献，是我们今天对中华文化基本精神进行传承与创新的宝贵思想资源。

二程理学为人性修养问题提供有益借鉴。普遍性与特殊性问题，是宋明理学的核心问题。北宋诸儒皆重视宇宙万物的普遍性问题，主张"复其初"。清华大学哲学系教授高海波指出，理是宇宙本体，是事物存在变化的根据，万物各有其理，万物又同是一理。所以从本然上说万物相同，皆为性善。然而由于气禀清浊不同，人物的现实表现各有差别。恢复本然之性，首先要"致知"。致知的方式在于涵养主敬、格物致知。其次要"养气"，通过长期坚持有意识的自我训练以及注重环境的熏陶达到变化气质的目的。总的来说，"涵养须用敬，进学则在致知"是二程超越个体事物的有限性，去认识把握并实践普遍天理的核心方法。北京大学哲学系教授、中华孔子研究会副会长张学智从天道的视域下对二程的治学气象进行了比较，指出大程着眼于全体，小程着眼于总体中的区分；大程倾向于直觉，小程强调格物穷理；大程和乐地觉解和顺受仁本体，小程则分涵养用敬与进学致知为两途。

二程教育思想对当代教育发展具有借鉴价值。二程教育思想，是二程理学极其重要的组成部分。教育部特聘传统文化教育专家和洪范指出，二程教育思想，以明理、修德为目标，以立志、贵于自得、服务社会为核心，以培养诚敬之心为根本途径。二程教育思想，至今仍能涵养我们的初心。如何在二程教育思想中发掘出积极的当代价值，并使用其当代价值，是一个意义更为宏远的重大命题。教育部中小学社会实践研究中心研究员薛保红着重探讨了二程理学对青少年实践育人方面的价值和意义。他指出，二程的"明理修德""立志""诚敬""贵于自得"等思想在当代仍具有极高的价值。明理修德是培养当代青少年健康心智的有效良方；立志是当代青少年努力奋斗实现人生目标的基本追求；诚敬是当代青少年修习品格树立理想信念的重要根基；贵于自得是培养青少年自立自强品行的有效途径；改考为课是促进素质教育良性发展的创新举措。新时代二程理学实践育人有四种有效途径，分别是研学实践、劳动实践、教研实践、志愿服务。二程思想作为中华优秀传统文化，要承担起陶冶青少年情操，锤炼青少年品行这一重任。

二程理学对当下廉政建设具有借鉴价值。河南省二程文化研究院副院长李耀曾指出，二程的廉政思想主要由"存理去欲"的理欲观、"廓然大公"的人生观和"利不妨义"的义利观等部分组成。二程理学思想中的廉政思想曾对中国的知识阶层产生广泛影响，就是在创建新时代中国特色社会主义的今天也具有深刻的现实意义。洛阳理工学院华夏历史文明传承创新研究中心教授赵壮道指出，二程公私观念里包含"天理无私""圣人治国，大公无私""仁者公也""至诚无私""公则同，私则异"等价值观念，这些观念在党的廉政建设中对新时代党政基层干部树立大公无私的是非观、至诚无私的权力观、公私分明的义利观、公而忘私的事业观有着重要的启示。

本次论坛还发表了《关于弘扬二程理学文化　打造嵩县中华优秀传统文化传承创新高地的宣言》，其中包括六项决议：一是充分认识传承、弘扬二程理学的当代意义；二是支持嵩县建立高层次、实体性二程理学研究中心，助推嵩县中华优秀传统文化传承创新高地建设；三是支持嵩县编纂《二程洛学文库》；四是支持嵩县建立二程当代教育法与青少年成长基地；五是将两程故里作为二程理学论坛的永久性会址；六是建立二程理学联盟。

论坛的成功举行，将为黄河流域生态保护和高质量发展提供文化支撑，为嵩县实施"山东有孔孟、河南有二程"文化发展战略提供理论支持，对弘扬二程实学思想，打造嵩县中华优秀传统文化传承高地将产生积极的影响。

［李春蕾，中共中央党校（国家行政学院）中国哲学专业2020级博士研究生］

《中国实学》征稿函

中国实学研究会成立于1992年10月，是由中华人民共和国教育部主管，在中华人民共和国民政部注册的国家一级学术社会团体。根据国家相关法律和《中国实学研究会章程》的有关规定，中国实学研究会正式创办会刊《中国实学》（以书代刊）。未来五年，每年出版1至2辑，努力将《中国实学》（辑刊）打造成在学界有一定影响力的学术刊物。

《中国实学》（第一辑）已于2022年6月由中国社会科学出版社编辑出版，现特向您征稿。本征稿函长期有效，欢迎您随时赐稿。来稿方式仅限于word文档，以发附件形式电子投稿至niuguanheng@163.com。

一 选题范围

《中国实学》拟开设但不局限于以下栏目：1. 本刊特稿；2. 名家专访；3. 传统实学；4. 实学人物；5. 当代新实学；6. 海外实学；7. 传统文化；8. 青年论坛；9. 会议综述；10. 新书评介；11. 学术札记；12. 其他与实学相关的研究。

二 用稿要求

1. 来稿要求原创性、学术性、思想性、创新性。
2. 来稿要求去除直接引用文献重复率要低于15%，文责自负。
3. 篇幅一般不少于6000字，每篇须有摘要和关键词。
4. 根据国家新闻出版总署有关要求，请您同时提供以下相关信息：
（1）作者简介：姓名，出生年，籍贯，学位，职称；
（2）工作单位（含二级单位）及详细通信地址、邮政编码、电话、电子邮箱。

三 文章格式

请参照《中国社会科学出版社学术著作体例规范》。

文稿一经发表,酌付稿酬,稿酬按国家统一标准执行。编辑部在收稿后 3 个月内不与作者联系,作者可自行处理。